Ética para cada día

Filosofía

Marco Tulio Cicerón
Ética para cada día

Selección, traducción, presentación y apéndice
María Morrás

Obra editada en colaboración con Editorial Planeta – España

© de la selección, la traducción, la presentación y el apéndice: María Morrás Ruiz-Falcó, 2000

Diseño de la colección: Austral / Área Editorial Grupo Planeta
Composición: Realización Planeta

Diseño de portada: Planeta Arte & Diseño / David López
Fotografía de portada: iStock

Bajo el sello editorial PAIDÓS M.R.
Avenida Presidente Masarik núm. 111,
Piso 2, Polanco V Sección, Miguel Hidalgo
C.P. 11560, Ciudad de México
www.planetadelibros.com.mx
www.paidos.com.mx

Primera edición impresa en España: septiembre de 2024
ISBN: 978-84-08-29279-1

Primera edición impresa en México en Booket: diciembre de 2024
ISBN: 978-607-569-901-1

Impreso en Operadora Quitresa S.A. de C.V.
Goma 167, Granjas Mexico, Iztacalco,
Ciudad de México, C.P. 08400
Impreso en México – *Printed in Mexico*

Índice

Presentación 9

Ética para cada día

El mundo de arriba 17

El mundo alrededor. 31

El arte de saber vivir 53

La naturaleza del hombre y su circunstancia 73

Deberes 95

Apéndice. Vida y obras de Marco Tulio Cicerón 147

Presentación

Afirma Cicerón en uno de sus escritos que la coherencia es la piedra de toque del filósofo. Si fuera así, estaría claro que él no sería uno de ellos; y no pocos estudiosos le han negado por ello, y por su falta radical de originalidad —su obra es sobre todo adaptación de fuentes griegas—, el pan y la sal de la filosofía. Sin embargo, ese carácter asistemático de su pensamiento, unido a la fina ironía con que despoja de grandilocuencia sus arranques de idealismo, al escepticismo de fondo con que aborda todos los asuntos y a su sagacidad política y humana —que algunos con cierta malicia han tildado de oportunismo—, le convierten sin duda en un espíritu muy cercano a nosotros.

Próximo el fin de la república romana, Cicerón vivió una época que muchos podrían identificar con la suya propia, con la nuestra. Época de transición política, sacudida por las agitaciones sociales y los golpes de mano militares —a los que siempre se opuso— y de transformación ideológica —a la que él, pese a su conservadurismo aparente, contribuyó sentando, en gran parte, las bases de lo que hoy conocemos como valores propios de la civilización occidental—, Cicerón buscó refugio en la escritura. En sus escritos filosóficos y en muchos de sus discursos políticos quiso ofrecer a sus contemporáneos una guía de conducta para los tiempos difíciles y cambiantes del mundo en que vivían. Para Cicerón, la realidad era un asunto problemático y vivirla obligaba a enfrentarse de continuo a situaciones conflictivas que, planteadas como dilemas morales, exigían elegir un camino para la acción y descartar otros. Su objetivo no era la especulación pura, ni teorizar sobre problemas abstractos, sino aplicar con sentido común y pragmatismo las lecciones aprendidas en la filosofía a la experiencia cotidiana. El éxito de su empresa puede medirse en la honda influencia de su pensamiento en la historia de occidente. La clave posiblemente se deba, en parte, al contenido —que no es tanto de alcance y validez universal como adecuado a cada caso y, por consiguiente, cambiante e incluso contradictorio entre sí—, en parte, a la forma en que expresó sus observaciones, comentarios y reflexiones sobre la naturaleza del hombre y sus circunstancias.

Pensador, político, elocuente orador y estudioso de la retórica, supo convencer e influir en la sociedad romana gracias sobre todo al poder de la palabra y al carácter flexible y extrañamente abierto de sus ideas. Considerado responsable de adaptar la especulación filosófica al adusto espíritu romano, siempre dado a contemplar la realidad desde su vertiente práctica, Marco Tulio Cicerón fue, además, por formación y por inclinación, un escéptico. Es decir, no cree que nada sea totalmente cierto, sino que hay opiniones, creencias e ideas que resultan más probables que otras. Y para determinar cuáles sean estas, le pareció que el mejor método era argumentar los pros y contras de cada cuestión desde todas las perspectivas, que en su época eran fundamentalmente las que mantenían las escuelas filosóficas del epicureísmo, el estoicismo y el academicismo. Esta actitud, clave en el pensamiento moderno, ha hecho posible que épocas y corrientes éticas y políticas dispares hayan podido encontrar entre las páginas de sus escritos la expresión de sus inquietudes y una respuesta para sus dudas vitales.

Curiosamente fue su racionalismo, que le llevó a rechazar como supersticiones los ritos religiosos de la antigua Roma y a defender la inmortalidad del alma en la otra vida, así como la necesidad de mantener la virtud en esta, lo que garantizó que el cristianismo hiciera suya gran parte de su obra. Tampoco sorprende que después de la gran difusión de la que gozó en la Edad Media, el renacimiento adoptara su obra y su figura como medida de sus aspiraciones literarias e intelectuales. Petrarca, el gran humanista, el mismo que había proclamado entusiasmado que Cicerón habría sido cristiano de haber vivido en la época apropiada, confiesa en una famosa carta que fue seducido para la Antigüedad clásica como resultado de la atracción que el estilo ciceroniano ejerció sobre él. Fue entonces, en el renacimiento, cuando la obra del escritor romano fue más valorada. Su influjo en el Humanismo, movimiento que inaugura la Edad Moderna, se deja notar en todos los campos, donde todavía permanece. Conceptos que nos parecen tan actuales —y que, en efecto, lo son— como la solidaridad, que Cicerón considera inherente a la condición humana, o la necesidad de respetar los derechos de los extranjeros, base del derecho universal del que se considera fundador al senador romano, hallan formulación por primera vez en su pluma. También es el responsable de forjar la idea de que todo hombre puede perfeccionarse gracias al conocimiento y hacerse más humano merced a la cultura y la reflexión ética: es la *humanitas*, raíz y fundamento de la moderna creencia en el progreso. Tampoco escasean en sus escritos las observaciones sobre asuntos que hoy nos parecen casi posmodernos de tanta actualidad como tienen, como son las advertencias sobre los peligros de la fama y la continua exposición a los ojos del público o las que realiza sobre el daño que provoca en la vida pública la prevaricación de políticos codiciosos. Y en otro orden, no resulta difícil compartir su punto de vista acerca del anhelo de compañía que padece todo ser humano, del valor y los peligros de la soledad, de los temores y repulsa que inspira la vejez o el ansia por conquistar la felicidad personal.

No parece, pues, inútil arrimarse de nuevo al viejo pensador en busca de solaz, guía y saber para enfrentarse a los vericuetos de la compleja vida moderna. Con este propósito se ofrece en las páginas que siguen una selección tomada de los escritos filosóficos de Marco Tulio Cicerón. Escritos en su mayor parte en forma de diálogo, la presencia de varios interlocutores con diferentes puntos de vista explica su variedad temática y la voluntaria falta de uniformidad en la perspectiva y opiniones. Con todo, es posible hallar en el fondo un mismo respeto por la dignidad del hombre, una valoración de la felicidad del individuo y una ausencia de dogmatismo que quizás sorprenderán a más de un lector. También dentro de su variedad, puede apreciarse una serie de constantes entre obra y obra, que presentan una cierta continuidad temática. Por este motivo, se han agrupado los títulos bajo diferentes epígrafes que dan una idea pobre, pero aproximada, de cuál es el centro de interés en cada caso. En «El mundo de arriba» se han reunido *Sobre la naturaleza de los dioses* y *Sobre la adivinación*, en las que el autor reflexiona acerca de la religión y sus prácticas, el destino y la inmortalidad del alma, pero también sobre las sendas del pensamiento y los límites de la razón. El papel del mal en el mundo, la presión de las circunstancias y, de manera más concreta, el Estado y las leyes son los temas tratados en «El mundo alrededor», que incluye selecciones de las Disputaciones tusculanas, *De la república* y *De las leyes*. «El arte de saber vivir» gira en torno a la búsqueda de la felicidad, entendida no solo como un saber disfrutar de la vida, sino también como un vivirla con la mayor rectitud posible, pues la virtud, por la ausencia de remordimientos que conlleva —la autoestima que produce, diríamos hoy—, es indudable fuente de gratificación. De todo ello se ocupan las *Cuestiones académicas*, *Sobre los límites de los bienes y los males* y las *Paradojas de los estoicos*. El cuarto apartado recoge *De la amistad* y *De la vejez*, atendiendo así a «La naturaleza del hombre». Un último apartado está dedicado a los «Deberes», que corresponde al título de una de sus obras más extensas y ambiciosas, también de más éxito a lo largo de los tiempos, donde trata de lo útil y lo ético y los conflictos que se establecen entre ambos.

María Morrás

Ética para cada día

El mundo de arriba

La naturaleza de los dioses es cuestión sumamente oscura, aunque tiene un gran interés en relación con el alma, y su conocimiento es muy necesario para administrar la religión. (*Sobre la naturaleza de los dioses*, I. i)

*

Causa y principio de la filosofía es la ignorancia. (*Sobre la naturaleza de los dioses*, I. i)

*

¿Qué es más temerario e impropio de la dignidad y la seriedad del sabio que mantener una opinión falsa o defender sin dudar lo que no se ha examinado, entendido y estudiado de modo suficiente? (*Sobre la naturaleza de los dioses*, I. i)

*

La cuestión que suscita mayor desacuerdo es si los dioses permanecen totalmente pasivos y ociosos, absteniéndose de tomar parte en la ordenación y gobierno del mundo, o si por el contrario todo fue creado y dispuesto por ellos desde el principio, de manera que lo controlan y mantienen en movimiento hasta la eternidad. (*Sobre la naturaleza de los dioses*, I. ii)

*

Si los dioses no tienen el poder ni la voluntad de ayudarnos, si no se preocupan de nada y les resulta indiferente lo que hagamos, si no pueden ejercer influencia alguna en la vida de los hombres, ¿qué razón hay para rendir culto, honores y preces a los dioses inmortales? (*Sobre la naturaleza de los dioses*, I. ii)

*

La piedad religiosa, como las restantes virtudes, no puede existir en el fingimiento y el simulacro. (*Sobre la naturaleza de los dioses*, I. ii)

*

Una de las características más sorprendentes de la filosofía es la continuidad que existe entre las cuestiones que la componen, de modo que una parece vinculada a la otra y todas ellas parecen conectadas y ligadas entre sí. (*Sobre la naturaleza de los dioses*, I. iv)

*

Quienes solicitan mi opinión personal sobre cada asunto se muestran más curiosos de lo necesario. (*Sobre la naturaleza de los dioses*, I. v)

*

En verdad, la autoridad de aquellos que se dedican a enseñar es a menudo un obstáculo para los que desean aprender. (*Sobre la naturaleza de los dioses*, I. v)

*

Sería una tarea penosa extenderse sobre todos los detalles de un sistema que parece más bien el resultado de un pensamiento ocioso antes que de una auténtica investigación. (*Sobre la naturaleza de los dioses*, I. viii)

*

Me resulta mucho más fácil encontrar argumentos para probar que algo es falso que demostrar que es verdadero. (*Sobre la naturaleza de los dioses*, I. xxi)

*

¡Ojalá que descubrir la verdad fuera tan fácil como dejar al descubierto las falsedades! (*Sobre la naturaleza de los dioses*, I. xxii)

*

El paso de los años disipa las ilusiones de la imaginación, confirmando el juicio de la naturaleza. (*Sobre la naturaleza de los dioses*, I. xliv)

*

El hombre de sabiduría superior y, en mi opinión, de altura extraordinaria preferirá confesar públicamente la ofensa que hubiera podido ocultar antes que permitir que la mancha de la impiedad se extienda al Estado. Por ello, los cónsules preferían dimitir en el acto de sus altos cargos antes que aferrarse a ellos un solo instante en perjuicio de la religión. (*Sobre la naturaleza de los dioses*, II. iv)

*

Así como la corriente de agua puede escapar por completo, o casi, de la contaminación, mientras que la estancada se corrompe fácilmente, un discurso fluido arrastra las críticas disolviéndolas y, en cambio, una argumentación cerrada en sus razonamientos no es fácil de defender. (*Sobre la naturaleza de los dioses*, II. vii)

*

En las causas no suelo discutir un aspecto que es evidente por sí mismo y que todas las partes aceptan, pues los argumentos solo servirían para oscurecerlo. (*Sobre la naturaleza de los dioses*, III. iv)

*

Muchos han hecho el bien tratando de perjudicar y han hecho el mal intentando realizar un beneficio. (*Sobre la naturaleza de los dioses*, III. xxvi)

*

La naturaleza de lo que se otorga no revela la intención del donante. En consecuencia, el hecho de que el que lo recibe haga buen uso de lo dado, no significa que le fuera entregado con buena voluntad. (*Sobre la naturaleza de los dioses*, III. xxvi)

*

El hecho es que ni tu carácter ni tu vida pasada en nada influyen en tu fortuna, buena o mala. (*Sobre la naturaleza de los dioses*, III. xxvii)

*

Existe la antigua opinión, transmitida hasta nosotros desde los tiempos heroicos y firmemente establecida por acuerdo común del pueblo romano y de todas las naciones, que se da entre los hombres algún tipo de adivinación [...]. Verdaderamente se trata de algo espléndido y provechoso, si es que existe tal facultad. (*Sobre la adivinación*, I. i)

*

Los hombres capaces de interpretar todos esos signos que anuncian el futuro parecen acercarse a la divinidad, igual que sucede con los estudiosos cuando interpretan a los poetas. (*Sobre la adivinación*, I. xviii)

*

No dejaré que me hagan creer que toda la nación etrusca se ha vuelto loca en el asunto de las entrañas, o que se equivocan acerca de los truenos, o que son falsos intérpretes de portentos. (*Sobre la adivinación*, I. xviii)

*

Estos sueños son la ficción de un poeta. (*Sobre la adivinación*, I. xx)

*

Oh, rey, lo que en su vida los hombres frecuentan, piensan, ansían, ven y realizan despiertos es lo que sueñan. (*Sobre la adivinación*, I. xxi)

*

Mi alma presagiaba que dejaba mi hogar en vano. (*Sobre la adivinación*, I. xxi)

*

¿Por qué esos ojos llameantes, por qué esa rabia repentina? ¿Dónde huyó aquella dulzura, hasta hace poco tan juvenil y sin embargo tan sabia? (*Sobre la adivinación*, I. xxi)

*

Cuando la muerte está próxima es el momento en que los hombres disciernen con mayor facilidad el futuro. (*Sobre la adivinación*, I. xxx)

*

En versos que antaño cantaron faunos y profetas. (*Sobre la adivinación*, I. l)

*

En verdad es una cuestión espinosa cómo es que los profetas y los que sueñan pueden ver cosas que no tienen existencia en ningún lugar. (*Sobre la adivinación*, I. li)

*

De acuerdo con la doctrina estoica, los dioses no son responsables de cada una de las fisuras en el hígado o de cada uno de los cantos de los pájaros. (*Sobre la adivinación*, I. lii)

*

Si las profecías, basadas en deducciones erróneas e interpretaciones, resultan ser falsas, la culpa no es de los signos, sino de la ignorancia de los intérpretes. (*Sobre la adivinación*, I. lii)

*

Pues mejor sería, según creo, que aquellos que entienden el lenguaje de los pájaros y saben más del hígado ajeno que del propio oyeran en lugar de que escucharan. (*Sobre la adivinación*, I. lvii)

*

En fin, me importan una higa los augurios de los marsos, los agoreros de aldea, los astrólogos circenses, los adivinos de Isis, los intérpretes de sueños. (*Sobre la adivinación*, I. lviii)

*

Nada es tan contrario a la razón y la constancia como el destino. (*Sobre la adivinación*, II. vi)

*

La ignorancia de los males futuros es sin duda más útil que su conocimiento. (*Sobre la adivinación*, II. ix)

*

Es la ignorancia de sus causas lo que provoca nuestra maravilla cuando sucede algo nuevo; en cambio, ese mismo desconocimiento en hechos habituales no despierta nuestra sorpresa. (*Sobre la adivinación*, II. xxi)

*

Ahora bien, si se considera un portento lo que raramente sucede, un hombre sabio debe ser un portento. (*Sobre la adivinación*, II. xxviii)

*

Un hombre le relató, para que lo interpretase como portento, que había en su casa una serpiente enrollada alrededor de una viga. «Sería un portento —respondió el adivino— si la viga envolviera a la serpiente». (*Sobre la adivinación*, II. xxviii)

*

Nada de lo que puede ocurrir ha de considerarse un portento. (*Sobre la adivinación*, II. xxviii)

*

Más aún, ¿por qué Dios en su preocupación por la humanidad habría de realizar sus advertencias mediante sueños por los que los hombres no se preocupan y ni siquiera consideran dignos de recordar? (*Sobre la adivinación*, II. lx)

*

Es como si un médico mandara a un paciente que tomara «un ente serpenteante nacido en la tierra y carente de sangre que lleva su casa a cuestas» en lugar de decirle «un caracol». (*Sobre la adivinación*, II. lxiv)

*

¿Acaso las conjeturas de los intérpretes de sueños no evidencian mejor su ingenio que la relación entre los sueños y las leyes de la naturaleza? (*Sobre la adivinación*, I. lxx)

El mundo alrededor

La honra cría las artes. (Disputaciones tusculanas, I. ii)

*

Es posible que un autor tenga buenas ideas y, sin embargo, no sea capaz de expresar con elocuencia lo que piensa, pero quien pone por escrito los propios pensamientos sin ser capaz de exponerlos de manera ordenada y clara, o sin que pueda atraer al lector proporcionándole algún placer, es hombre que abusa de su ocio y de las letras. (*Disputaciones tusculanas*, I. iii)

¿De qué modo o por qué razón consideras la muerte un mal cuando nos otorga la felicidad, suponiendo que el alma sobreviva, o nos libra de nuestras miserias, si es que nos priva de toda sensación? (*Disputaciones tusculanas*, I. xi)

*

Deja que el hombre se dedique al arte que conoce. (*Disputaciones tusculanas*, I. xviii)

*

En el filósofo, la vida entera, como dice el sabio, es una preparación para la muerte. (*Disputaciones tusculanas*, I. xxx)

*

Muchas condiciones hay en el cuerpo que agudizan la mente y muchas que la abotargan. (*Disputaciones tusculanas*, I. xxxiii)

*

Nosotros, los que adoptamos como guía lo probable y que no podemos ir más allá de donde aparece lo verosímil, estamos preparados para refutar sin obstinación y para ser refutados sin ira. (*Disputaciones tusculanas*, II. ii)

*

De igual modo que la tierra, no importa lo fértil que sea, no rinde fruto si no es cultivada, así sucede con la mente sin enseñanza. (*Disputaciones tusculanas*, II. iv)

*

Que el hombre de bien mantenga sus ideales siempre delante de sus ojos. (*Disputaciones tusculanas*, II. xxii)

*

El espíritu presenta ciertas semejanzas con el cuerpo. El cuerpo soporta las cargas con mayor facilidad cuando está en tensión; relajado, se ve aplastado. De manera semejante, el espíritu, en un esfuerzo intenso, se libera de la presión de la carga, pero si se relaja, se derrumba bajo su peso y no puede volver a levantarse. (*Disputaciones tusculanas*, II. xxii)

*

Todos los esfuerzos que conllevan fama y distinción se hacen soportables por el empeño que implican. (*Disputaciones tusculanas*, II. xxv)

*

También sucede que el vulgo ignorante tenga una opinión equivocada del honor, ya que no puede percibir su auténtica naturaleza; y así se mueve impulsado por la fama y el juicio de la muchedumbre pensando que es honorable aquello que aprueba la mayoría. (*Disputaciones tusculanas*, II. xxvi)

*

Una de las cosas mejores en el mundo, y aun más que mejor, es mostrarse independiente de la aprobación popular y, sin tratar de obtener aplauso, hallar sin embargo deleite en el hecho mismo. (*Disputaciones tusculanas*, II. xxvi)

*

Me parece más digno de elogio lo que se hace sin ostentación y sin publicidad —no es que eso deba evitarse, pues todas las cosas bien hechas piden ser expuestas a la luz—, pero, con todo, no hay auditorio de mayor autoridad que la conciencia. (*Disputaciones tusculanas*, II. xxvi)

*

No hay ambición mayor para el hombre, nada más de desear, nada de más excelencia que los honores públicos, el mando militar y la gloria popular. A ellos se ven atraídos los mejores, y en su aspiración por la honra que la naturaleza solo pretende, topan con aquello donde todo es vanidad vacía; y en lugar de la eminente efigie de la virtud, se encuentran persiguiendo la sombra de la imagen de la gloria. (*Disputaciones tusculanas*, III. i)

*

La verdadera gloria [...] devuelve a la virtud el eco de su voz. (*Disputaciones tusculanas*, III. ii)

*

También debajo de la túnica desarrapada y sucia se esconde la sabiduría. (*Disputaciones tusculanas*, III. xxiii)

*

¿Qué tiene mayor fuerza para dejar de lado el dolor que darse cuenta de que de nada sirve y que no tiene objeto entregarse a él? (*Disputaciones tusculanas*, III. xxviii)

*

Se dice sano el espíritu en que los juicios y las opiniones concuerdan. (*Disputaciones tusculanas*, IV. xiii)

*

¿Qué puede parecer trascendente en los asuntos humanos al hombre que tenga presentes la eternidad y vastedad del universo? (*Disputaciones tusculanas*, IV. xvi)

*

Procura que tu valor carezca de rabia y tu ira de frivolidad, pues no hay valor si la razón está ausente. (*Disputaciones tusculanas*, IV. xxii)

*

¿Qué sentido tiene envidiar a otro o emularle de mala manera? [...] Mientras rivalizar es atormentarse por el bien del otro si se es consciente de no poseerlo uno mismo, envidiar es torturarse por el bien ajeno porque se sabe que otro lo posee además de uno mismo. (*Disputaciones tusculanas*, IV. xxv)

*

¿Quién puede estar de acuerdo en sufrir pesadumbre en lugar de tratar de conseguir aquello que se quiere tener? (*Disputaciones tusculanas*, IV. xxv)

*

Piensa si quieres que las cosas consideradas buenas lo son; es decir, los cargos públicos, las riquezas, los placeres, etc. Sin embargo, el júbilo excesivo y exultante en conseguirlos es innoble. (*Disputaciones tusculanas*, IV. xxxi)

*

Nadie puede llevar una vida feliz a menos que viva de manera honrada, sabia y justa. (*Disputaciones tusculanas*, V. ix)

*

No por una sola manifestación aislada debe juzgarse a los filósofos, sino por una coherencia ininterrumpida. (*Disputaciones tusculanas*, V. x)

*

Si llevar una existencia feliz es posible, debe ensalzarse, recomendarse y quererse para uno mismo. (*Disputaciones tusculanas*, V. xvii)

*

La patria está dondequiera que te encuentres a gusto. (*Disputaciones tusculanas*, V. xxxvii)

*

No es suficiente con poseer una virtud, como si se tratara de alguna ciencia, a menos que hagas uso de ella. Pese a que es cierto que una ciencia, aunque no la uses nunca, sigue permaneciendo en ti por el hecho de que tienes conocimiento de ella, la existencia de una virtud depende enteramente de su empleo. (*De la república*, I. i)

*

Cuando se le preguntó a Senócrates, uno de los filósofos más eminentes, qué habían aprendido con él sus discípulos, respondió: «A hacer por propia voluntad aquello a lo que la ley los obliga». (*De la república*, I. ii)

*

El ciudadano que obliga a todos con la autoridad de los magistrados y las penas impuestas por la ley a acatar aquello que los filósofos, con sus palabras, apenas consiguen persuadir a unos pocos, debe ser preferido a los propios maestros. (*De la república*, I. ii)

*

Quienes gobiernan las ciudades sabiamente aconsejados y con autoridad han de anteponerse con mucho, incluso en sabiduría, a quienes se abstienen en tomar parte en los asuntos públicos. (*De la república*, I. ii)

*

Mis tribulaciones me trajeron mayor honra que penalidades y no tantas molestias cuanto gloria. (*De la república*, I. iv)

*

Tanto como es cierto que el hombre sabio, por lo general, no desciende de buen grado de sus alturas a las cuestiones de Estado, a menos, sin embargo, que los tiempos le obliguen a aceptar ese deber, creo, no obstante, que no debería dejar de lado la ciencia política, porque su deber consiste en estar preparado previamente para aquello que no sabe cuándo le será de utilidad. (*De la república*, I. vi)

*

No hay ninguna otra actividad en que la virtud humana se acerque más al poder de los dioses que en la de fundar nuevos Estados o conservar los que ya existen. (*De la república*, I. viii)

*

¿Quién no creerá que quienes, aunque se hallen en el foro entre la gente, no tienen con quien quieran hablar están más solos que aquellos que cuando no hay otro presente hablan consigo mismos o bien participan en lo que podrían llamarse las reuniones de hombres letrados, encontrando deleite en sus hallazgos y escritos? (*De la república*, I. xvii)

*

¿Quién en verdad consideraría a alguien más rico que a aquel hombre al que no falta nada de lo que requiere su naturaleza, o más poderoso que al que consigue todo lo que se propone, o más feliz que al que está libre de toda desazón, o más seguro de sus riquezas que al que solo posee, como dice el dicho, lo que puede salvar de un naufragio? (*De la república*, I. xvii)

*

El sagaz Elio Sexto era un hombre particularmente juicioso, [...] no porque pretendiera lo que no podía conseguir, sino porque respondía a los que le preguntaban, librándoles de sus preocupaciones y resolviendo sus asuntos. (*De la república*, I. xvii)

*

Comenzaré mi exposición siguiendo la regla que, según creo, debería seguirse siempre cuando se discute un tema si se quiere evitar caer en la confusión; esto es, que si se está de acuerdo en la terminología, se debe explicar primero su significado. (*De la república*, I. xxiv)

*

Un pueblo no es cualquier muchedumbre congregada de cualquier modo, sino un conjunto numeroso de hombres vinculados en el acuerdo de respetar la justicia y en la búsqueda del provecho común. (*De la república*, I. xxv)

*

Del mismo modo que el que navega cuando de repente se levanta una tormenta y el enfermo cuando se agrava su mal imploran la ayuda de un solo hombre, así nuestro pueblo, que en tiempo de paz y mientras se encuentra en su tierra ejerce el poder, amenaza a los magistrados, rechaza su autoridad, apela contra ellos o convoca a otros, en tiempo de guerra, sin embargo, obedece a sus gobernantes como si de un rey se tratara. (*De la república*, I. xl)

*

La seguridad debe prevalecer sobre el antojo caprichoso. (*De la república*, I. xl)

*

Realmente todas las discusiones de los que has mencionado, aunque son fuente copiosa de virtud y ciencia, si se comparan, sin embargo, con los hechos y los logros de otros, me temo que será evidente que han proporcionado más entretenimiento que ocupación real a los hombres. (*De la república*, fragmento del libro I)

*

No ha habido nunca un hombre que fuera de tan gran agudeza que no se le escapara nada. Tampoco la inteligencia combinada de todos los hombres que existieron en un momento dado puede adoptar todas las medidas necesarias para el futuro sin la ayuda de la experiencia y del paso del tiempo. (*De la república*, II. i)

*

Las ciudades marítimas también sufren de una cierta corrupción y degeneración en la moral, pues en ellas se mezclan nuevas lenguas y costumbres, ya que importan no solo mercancías sino también costumbres, de manera que ninguna de sus instituciones ancestrales puede permanecer sin cambios. (*De la república*, II. iii)

*

Los habitantes de esas ciudades no se aferran a sus lugares, sino que se ven constantemente tentados con vertiginosas esperanzas e ideas a marchar lejos; e incluso cuando sus cuerpos permanecen, sus pensamientos se alejan y vagan fuera de la patria. (*De la república*, I. iii)

*

No fue por cierto un pequeño arroyuelo lo que fluyó desde Grecia hasta esta ciudad, sino un abundante caudal de cultura y ciencia. (*De la república*, II. xix)

*

El fundamento del saber político [...] es percibir las curvas del camino por el que discurren los asuntos públicos para que, cuando sepas hacia dónde tiende cualquiera de ellos, puedas pararlos o puedas salir a su encuentro antes de que ocurran. (*De la república*, II. xxv)

*

¿Cómo puede darse correctamente el nombre de ser humano a quien no quiere vincularse en la distribución de la justicia ni con sus conciudadanos, ni siquiera con alguien del género humano? (*De la república*, II. xxvi)

*

El destino de un pueblo es cosa frágil [...] cuando depende de la voluntad y las costumbres de uno solo. (*De la república*, II. xxviii)

*

La naturaleza propia de los asuntos públicos derrota a menudo a la razón. (*De la república*, II. xxxii)

*

A menos que haya en el Estado un equilibrio compensador entre los derechos, los deberes y los cargos, de manera que los magistrados gocen de autoridad, el consejo de los principales de peso y el pueblo de libertad suficientes, ese gobierno no podrá mantenerse libre de conmociones. (*De la república*, II. xxxiii)

*

Lo que los músicos llaman armonía en el canto es concordia en el Estado, el más perfecto y mejor formado vínculo permanente en la república. Tal concordia nunca puede ser lograda sin la ayuda de la justicia. (*De la república*, II. xliv)

*

Si solo una de estas dos vías hacia la sabiduría pudiera elegirse, aunque llevar una vida tranquila dedicada al estudio de las ciencias más elevadas pueda parecer a algunos más feliz, sin duda la vida del político es más digna de elogio y le conducirá más fácilmente a la fama: por ella han ganado los grandes hombres mucha honra. (*De la república*, III. iii)

*

Incluso nosotros mismos, los más justos entre los hombres, hemos vetado que las gentes más allá de los Alpes cultiven el olivo y la vid para que nuestros olivares y nuestras viñas tengan más valor. Se dice que al obrar así hemos actuado con prudencia, pero no con justicia, de modo que puedes comprender fácilmente que la justicia y la sabiduría no siempre concuerdan. (*De la república*, III. ix)

*

Pero si quisiera describir la naturaleza de las leyes, de las instituciones y de las costumbres que han existido, podría mostrar cómo no solo entre gentes distintas, sino incluso dentro de una ciudad, en la nuestra también, ha habido infinidad de cambios en ellas. (*De la república*, III. ix)

*

La madre de la justicia no es ni la naturaleza ni la voluntad, sino la flaqueza. (*De la república*, III. xiii)

*

Debemos elegir una de tres: o cometer una injusticia y no padecerla, o cometerla y padecerla, o ni cometerla ni padecerla. (*De la república*, III. xiii)

*

Un estado ideal nunca comienza una guerra a menos que su credibilidad o su seguridad estén en juego. (*De la república*, III. xxiii)

*

No puede haber nada más abominable que aquel monstruo que asume falsamente la apariencia y el nombre de un pueblo. (*De la república*, III. xxxiii)

*

El Estado romano se fundamenta en sus costumbres ancestrales y en sus hombres. (*De la república*, V. i)

*

Verdaderamente, en caso de disensión civil, cuando lo bueno vale más que la cantidad, pienso que antes que contados, los hombres deben ser sopesados. (*De la república*, VI. i)

*

Deja que lo que dicen los otros sea asunto de su incumbencia; sea lo que fuere, lo dirán de todas formas. (*De la república*, VI. xxiii)

*

Ninguna reputación fue eterna, porque lo que dice el hombre muere con él y se borra con el olvido de la posteridad. (*De la república*, VI. xxiii)

*

Ningún árbol plantado por la mano de un agricultor vivirá tanto como el que ha sido sembrado por el poeta en sus versos. (*De las leyes*, I. i)

*

Quienes enseñan derecho civil muestran no tanto las sendas de la justicia sino las vías para litigar. (*De las leyes*, I. vi)

*

Debido a la similitud entre la honra y la fama, aquellos que reciben honores públicos son considerados felices, mientras que a los que no consiguen la fama se les considera desgraciados. (*De las leyes*, I. x)

*

La filosofía es el más fecundo, el más pródigo, el más elevado don de los dioses inmortales a la vida de los hombres. (*De las leyes*, I. xxi)

*

Nos conmovemos, no sabría decir de qué modo, por los lugares en los que se acumulan los recuerdos de aquellos a los que queremos y admiramos. (*De las leyes*, II. i)

*

La ley distingue entre lo justo y lo injusto de acuerdo con aquel antiquísimo principio de todas las cosas, la naturaleza. (*De las leyes*, II. v)

*

Los jurisconsultos dividen con frecuencia en infinitas partes lo que en realidad se basa en un solo principio, ya sea con el propósito de engañar, de manera que su conocimiento parezca mayor en cantidad y más difícil de lograr, ya sea —como parece más probable— porque carecen de la habilidad de enseñar. (*De las leyes*, II. xviii)

*

La ciencia no consiste simplemente en la posesión del conocimiento, sino también en la habilidad de enseñarla. (*De las leyes*, II. xviii)

*

Conviene que el que obedece tenga la expectativa de mandar en alguna ocasión futura y el que manda debe pensar que en breve tiempo habrá de obedecer. (*De las leyes*, III. ii)

*

Pienso que las costumbres de una nación cambian cuando los hábitos y el modo de vida de sus clases superiores cambian. (*De las leyes*, III. xiv)

*

Nada es más funesto para un gobierno, nada más contrario a la justicia y las leyes, nada menos cívico ni menos humano que hacer uso de la fuerza en un Estado constituido. (*De las leyes*, III. xviii)

*

El castigo será adecuado a la ofensa, de modo que todos deben ser pagados en su propia moneda: la violencia con la pena capital, la avaricia con una multa, la ambición de honores con la ignominia. (*De las leyes*, III. xix)

*

Congratulémonos de que la muerte nos otorgue o bien una vida mejor de la que tenemos en vida, o por lo menos una en la que las condiciones no sean peores. (*De las leyes*, fragmentos)

Los hombres luchan entre ellos a causa de su depravación, sin darse cuenta de que proceden de una sola sangre y están sujetos a una sola y misma tutela. (*De las leyes*, fragmentos)

El arte de saber vivir

Incluso el pueblo en general, a menos que haya sido incitado a ello, no suele reclamar con insistencia un regalo. (*Cuestiones académicas*, I. i)

*

La sabiduría toda consiste únicamente en no pensar que se sabe lo que se ignora. (*Cuestiones académicas*, I. iv)

*

Pensaban que la moral pertenecía a las inclinaciones del espíritu y, en cierto modo, a la costumbre, a la que formaban en parte recurriendo al ejercicio asiduo, en parte a la razón. (*Cuestiones académicas*, I. v)

*

La filosofía de la Antigüedad sostiene que la felicidad radica únicamente en la virtud, pero la felicidad no es absoluta si no se suman a ella los bienes corporales y todos los otros necesarios para poder ejercerla. (*Cuestiones académicas*, I. vi)

*

Nadie es virtuoso si no ejerce la virtud de continuo. (*Cuestiones académicas*, I. x)

*

¡Como si los hombres ilustres, cuando se reúnen, debieran permanecer en silencio o por el contrario dedicarse a conversar alegremente o a charlar de frivolidades! (*Cuestiones académicas*, II. ii)

*

Si es que la sabiduría se puede alcanzar, dediquémonos no solo a perseguirla, sino también a disfrutar de ella. (*Sobre los límites de los bienes y de los males*, I. i)

*

Si nos gusta escribir, ¿quién nos querrá tanto mal que nos haga desistir de ello? (*Sobre los límites de los bienes y de los males*, I. i)

*

Si se admitiera que el bien es espontánea e intrínsicamente agradable, incluso cuando no se relaciona con ninguna sensación corporal, entonces la virtud sería deseable por sí misma, y lo mismo ocurriría con el conocimiento. (*Sobre los límites de los bienes y de los males*, I. vii)

*

Nadie rechaza ni evita el placer por sí mismo; tampoco a nadie le resulta desagradable de por sí, sino porque quienes no saben perseguirlo haciendo uso de su razón acaban topándose con consecuencias extremadamente dolorosas. (*Sobre los límites de los bienes y de los males*, I. x)

*

Tampoco hay nadie que persiga o desee el dolor como tal dolor, sino porque en ocasiones se dan circunstancias en las que el esfuerzo y el dolor procuran un gran placer. (*Sobre los límites de los bienes y de los males*, I. x)

*

El sabio siempre se guía en estos asuntos de la siguiente forma: rechaza el placer para conseguir otros mayores, o bien soporta males para evitar otros peores. (*Sobre los límites de los bienes y de los males*, I. x)

*

La sabiduría, que debe ser considerada como el arte de saber vivir, aun cuando no lograra su propósito, no por ello dejaría de ser anhelada; ahora, dado que sí tiene éxito, es apetecida en cuanto artífice que procura y produce placer. (*Sobre los límites de los bienes y de los males*, I. xiii)

*

Los deseos son insaciables: son causa de ruina no solo de individuos, sino de familias enteras; incluso, con frecuencia sacuden los cimientos del Estado. (*Sobre los límites de los bienes y de los males*, I. xiii)

*

Y los deseos no solo se exhiben hacia fuera, ni únicamente se lanzan ciegos a luchar contra los otros, sino que encerrados en el corazón surge entre ellos la discordia y el combate. (*Sobre los límites de los bienes y de los males*, I. xiv)

*

La templanza es deseable no solo por sí misma, sino porque trae consigo paz al espíritu y aplaca el corazón, sosegándolo con una especie de concordia. (*Sobre los límites de los bienes y de los males*, I. xiv)

*

Ni el llevar a cabo un esfuerzo ni el soportar el dolor seducen por sí mismos, como tampoco seducen la paciencia, la constancia, los desvelos o la misma industriosidad, por muy alabada que sea, ni siquiera la fortaleza; por contra, practicamos estas virtudes para vivir sin preocupaciones y sin temor, y para librarnos cuanto podamos de molestias espirituales y corporales. (*Sobre los límites de los bienes y de los males*, I. xv)

*

¿Cuánto pueden contribuir los crímenes a disminuir las cargas de la vida si se compara con lo que las incrementa debido al peso de los remordimientos, de las penas legales y del odio de los conciudadanos? (*Sobre los límites de los bienes y de los males*, I. xvi)

*

El aprecio y el afecto son gratificantes porque hacen la vida más segura y más plena de placer. (*Sobre los límites de los bienes y de los males*, I. xvi)

*

Epicuro, el hombre al que denuncias como defensor de la voluptuosidad, proclama que nadie puede vivir felizmente sin vivir sabia, honorable y justamente, y nadie que sea sabio, honorable y justo deja de vivir felizmente. (*Sobre los límites de los bienes y de los males*, I. xviii)

*

Si las alegrías de la vida se ven disminuidas por las enfermedades más graves del cuerpo, ¡cuánto más deberán verse menguadas por las enfermedades del alma! (*Sobre los límites de los bienes y de los males*, I. xviii)

*

La codicia vana y sin tasa de riquezas, de fama, de poder, de placeres libidinosos no es sino enfermedad del espíritu. (*Sobre los límites de los bienes y de los males*, I. xviii)

*

Los codiciosos no recuerdan los bienes pasados ni disfrutan de los presentes; solo esperan los futuros, que, como resultan por fuerza inciertos, los llevan a consumirse de angustia y temor.

(*Sobre los límites de los bienes y de los males*, I. viii)

*

Y así como el odio, los celos y el menosprecio son obstáculos para el disfrute, la amistad es una de las fuentes más seguras de placer, tanto para nuestros amigos como para nosotros, pues no solo nos hace disfrutar del presente, sino que también nos proporciona esperanza en el futuro próximo y lejano. (*Sobre los límites de los bienes y de los males*, I. xx)

*

La opinión de Zenón el estoico es la siguiente. Solía decir que en la elocuencia, como ya opinaba Aristóteles, se podían distinguir dos partes: la retórica era como la palma de la mano, la dialéctica como un puño cerrado, porque los retóricos hablan de manera abierta, mientras los dialécticos lo hacen de manera más comprimida. (*Sobre los límites de los bienes y de los males*, II. v-vi)

*

Ni la constitución corporal del hombre ni su insuperable facultad de razonar implican que el ser humano haya nacido para el solo propósito de disfrutar placer. (*Sobre los límites de los bienes y de los males*, II. xiii)

*

Aunque el dolor es un mal, carecer de dolor no es suficiente para vivir bien. (*Sobre los límites de los bienes y de los males*, II. xiii)

*

La naturaleza ha engendrado en el hombre también el deseo de contemplar la verdad. (*Sobre los límites de los bienes y de los males*, II. xiv)

*

No ha de tenerse por bueno y justo un hombre que se abstenga de hacer el mal por evitar un perjuicio. (*Sobre los límites de los bienes y de los males*, II. xxii)

*

Mientras esté sujeto a temor, el hombre no es justo, y con seguridad tan pronto como carezca de él, dejará de ser justo. No sentirá temor si puede ocultar su maldad o si es lo suficientemente poderoso como para negarla con desfachatez; entonces, sin duda preferirá que se le repute como un buen hombre, aunque no lo sea, que serlo sin que goce de tal reputación. (*Sobre los límites de los bienes y de los males*, II. xxii)

*

Nuestro único principio, lo único que defendemos es que el deber debe ser la única recompensa del deber. (*Sobre los límites de los bienes y de los males*, II. xxii)

*

¿Has de cambiar de opinión como de chaqueta y tener una privada para cuando te quedas en casa y otra pública para cuando vas a la plaza? (*Sobre los límites de los bienes y de los males*, II. xxiv)

*

Si el provecho es la causa de la amistad, el provecho la destruirá. (*Sobre los límites de los bienes y de los males*, II. xxiv)

*

Pero la cuestión no es qué comportamiento concuerda con tu carácter, sino con tus principios. (*Sobre los límites de los bienes y de los males*, II. xxv)

*

El entero objetivo de la filosofía es la consecución de la felicidad. (*Sobre los límites de los bienes y de los males*, II. xxvii)

*

Nadie que experimente incertidumbre en asuntos de la máxima importancia puede ser feliz. Por tanto, nadie puede ser feliz. (*Sobre los límites de los bienes y de los males*, II. xxvii)

*

Dulce es el recuerdo de los trabajos pretéritos. (*Sobre los límites de los bienes y de los males*, II. xxxii)

*

Del mismo modo que un actor o un bailarín no desempeñan el papel que quieren, sino que tienen asignada alguna parte, así la vida ha de ser vivida según cierta manera previamente determinada, no según desearíamos. (*Sobre los límites de los bienes y de los males*, III. vii)

*

El sumo bien es vivir de manera armoniosa y concorde con la naturaleza. (*Sobre los límites de los bienes y de los males*, III. ix)

*

Reconocemos el bien y así lo llamamos por sus propias características y no porque lo comparemos con otras cosas. (*Sobre los límites de los bienes y de los males*, III. x)

*

Muy a menudo es apropiado que el sabio abandone la vida en el momento en que disfruta de la mayor felicidad, si surge la oportunidad adecuada para ello. (*Sobre los límites de los bienes y de los males*, III. xviii)

*

La opinión estoica es que la felicidad, que implica vivir en armonía con la naturaleza, es cuestión de aprovechar la ocasión. (*Sobre los límites de los bienes y de los males*, III. xviii)

*

Es menester que el hombre, por la humanidad compartida, sienta que nada de otro hombre le es ajeno. (*Sobre los límites de los bienes y de los males*, III. xix)

*

Del mismo modo que las leyes anteponen la seguridad de todos por encima de la de los individuos, así el hombre bueno, sabio, guardián de las leyes y conocedor de sus deberes cívicos procura el provecho común por encima del de alguno determinado o el suyo propio. (*Sobre los límites de los bienes y de los males*, III. xix)

*

De igual modo que empleamos los miembros de nuestro cuerpo antes de haber aprendido para qué los tenemos, así estamos unidos y aliados por naturaleza en una comunidad civil. (*Sobre los límites de los bienes y de los males*, III. xx)

*

De hecho, ni la justicia ni la amistad podrían existir a menos que sean deseadas por sí mismas. (*Sobre los límites de los bienes y de los males*, III. xxi)

*

Si la temeridad y la ignorancia son vicios en todos los asuntos, el arte que los elimina debe ser denominada virtud. (*Sobre los límites de los bienes y de los males*, III. xxi)

*

Una cosa es lanzarse a hablar en estilo poético, otra disertar de acuerdo con la razón y las reglas de la elocuencia. (*Sobre los límites de los bienes y de los males*, IV. iv)

*

Debemos reflexionar quiénes somos para mantenernos fieles a nuestro propio carácter. (*Sobre los límites de los bienes y de los males*, IV. x)

*

Los estoicos debían de estar de broma cuando afirmaban que entre una vida virtuosa y otra, también virtuosa pero provista de un frasco de óleo para el baño o una esponja, el sabio preferirá la vida con estas comodidades, pero que no será un ápice más feliz por ellas. (*Sobre los límites de los bienes y de los males*, IV. xii)

*

Pensaba que para ser dignos de la filosofía y de nosotros mismos, particularmente cuando tratamos del sumo bien, debíamos enmendar nuestra vida, nuestras inclinaciones y nuestras voluntades, no corregir la terminología. (*Sobre los límites de los bienes y de los males*, IV. xix)

*

Incluso suponiendo que los estoicos merezcan ser elogiados por la disposición ordenada de los argumentos y su perfecta conexión lógica [...], sin embargo no tenemos por qué aceptar los razonamientos, a pesar de ser coherentes, cuando se fundamentan en premisas falsas. (*Sobre los límites de los bienes y de los males*, IV. xix)

*

No podría decir si es por instinto o por una ilusión engañosa, pero nos sentimos más conmovidos cuando contemplamos lugares de los que la tradición guarda memoria que han sido frecuentados por hombres ilustres de tiempos pretéritos que cuando escuchamos hablar acerca de sus hechos o leemos sus escritos. (*Sobre los límites de los bienes y de los males*, V. i)

*

¿Qué es más evidente que el hombre no solo se quiere a sí mismo, sino que se quiere con todas sus fuerzas? (*Sobre los límites de los bienes y de los males*, V. xi)

*

El oráculo de Apolo nos demanda que nos conozcamos a nosotros mismos, pero la única vía para ello es conocer nuestras propias fuerzas, del cuerpo y la mente, y seguir esa vida que las haga emplear a fondo. (*Sobre los límites de los bienes y de los males*, V. xvi)

*

Feliz el hombre que también en la vejez goza de la buena fortuna de alcanzar la sabiduría y opiniones verdaderas. (*Sobre los límites de los bienes y de los males*, V. xxi)

*

En el ámbito moral, del que estamos tratando, nada es más glorioso ni tiene mayor alcance que la solidaridad entre los hombres, esa especie de alianza y comunidad de intereses y ese afecto real que existe entre el género humano. (*Sobre los límites de los bienes y de los males*, V. xii-xxiii)

*

Aquello que incluimos entre los bienes corporales forma parte, es cierto, de la felicidad, pero es posible vivir felizmente sin ellos. (*Sobre los límites de los bienes y de los males*, V. xxiv)

*

¿Qué es menos satisfactorio que decir que alguien es feliz pero no suficientemente feliz? (*Sobre los límites de los bienes y de los males*, V. xxvii)

*

¿Cuál es la diferencia entre nosotros, excepto que yo llamo las cosas conocidas con nombres conocidos mientras ellos inventan palabras nuevas para decir lo mismo? (*Sobre los límites de los bienes y de los males*, V. xxix)

*

Nada es tan increíble que la elocuencia no lo pueda hacer verosímil, nada tan sombrío ni tan rudo que no pueda ganar brillo y refinamiento en un discurso. (*Paradojas de los estoicos*, I. 3)

*

Dirás: «Es pequeña cosa». Pero es una gran ofensa, porque las faltas no se miden por sus resultados sino por los vicios de los hombres que las cometen. (*Paradojas de los estoicos*, III. 20)

*

Transgredir es traspasar la línea, lo cual una vez hecho supone haber cometido una falta. (*Paradojas de los estoicos*, III. 20)

*

Es posible tanto quitar la vida al padre en determinada ocasión sin cometer un crimen como es poco probable que se pueda matar a un esclavo sin caer en la injusticia. (*Paradojas de los estoicos*, III. 24)

*

En nuestra vida deberíamos considerar no qué pena corresponde a cada falta, sino cuánto le está permitido a cada uno. (*Paradojas de los estoicos*, III. 25)

*

¿Distingues al conciudadano del extranjero por su raza y procedencia en lugar de por su carácter y sus acciones? (*Paradojas de los estoicos*, IV. 29)

*

Que solo el sabio es libre y que cualquier necio es un esclavo. (*Paradojas de los estoicos*, V. 33)

*

No ser avaricioso supone un ingreso; no ser un comprador compulsivo, una renta. (*Paradojas de los estoicos*, VI. 51)

La naturaleza del hombre y su circunstancia

La amistad solo puede existir entre hombres buenos. (*De la amistad*, V. 18)

*

En mi opinión, es clarísimo que hemos sido creados de modo que haya entre todos cierto lazo que se hace más fuerte con la proximidad. En consecuencia, los conciudadanos son preferidos a los extranjeros, los parientes a los extraños. (*De la amistad*, V. 19)

*

La amistad no es otra cosa sino un acuerdo, al que se llega con benevolencia y afecto, sobre todas las cosas, divinas y humanas. (*De la amistad*, VI. 20)

*

La amistad añade esplendor a la prosperidad y aligera la adversidad al repartirla y comunicarla. (*De la amistad*, VI. 22)

*

¿Qué hogar es tan estable, qué Estado tan firme que no pueda ser destruido del todo por el odio y la animosidad? (*De la amistad*, VII. 23)

*

Pues es amor de donde deriva la palabra *amistad*; es el principio que lleva a la unión de buena voluntad. (*De la amistad*, VIII. 26)

*

Pero en la amistad no hay nada falso, nada fingido; lo que hay es genuino y voluntario. (*De la amistad*, VIII. 26)

*

Sancionemos como primera ley de la amistad esta: que a los amigos pidamos cosas honradas y por los amigos hagamos solo cosas honradas. (*De la amistad*, XIII. 44)

*

Nada produce mayor alegría que la buena voluntad recíproca, que el intercambio entusiasta de mutua asistencia. (*De la amistad*, XIV. 49)

*

Los tiranos son falsamente cortejados y solo durante un tiempo. Pues si por casualidad caen del poder, como suele ocurrir, entonces se sabe qué escasos están de amigos. Lo cual se deduce de lo que dijo Tarquino cuando emprendió el exilio: «He sabido qué amigos me son fieles y cuáles no ahora que ya no puedo recompensarlos». (*De la amistad*, XV. 53)

*

No solo es ciega la Fortuna, sino que suele volver ciegos a los que abraza. (*De la amistad*, XV. 54)

*

Deberíamos amar como si alguna vez fuéramos a odiar. (*De la amistad*, XV. 59)

*

Aunque no es de hacer caso omiso la fama, ni conviene estimar que el aprecio de los conciudadanos es pobre arma en la lucha de la vida, obtenerlos mediante adulaciones y lisonjas resulta vergonzoso. (*De la amistad*, XVI. 59)

*

Escipión solía quejarse de que los hombres se mostraban diligentes en todos sus asuntos excepto en la amistad, que todos podían decir cuántas ovejas y cabras tenían, pero se mostraban incapaces de decir con cuántos amigos contaban, y que aquellos sin duda ponían cuidado en conseguir las primeras, pero que se mostraban descuidados en elegir sus amistades. (*De la amistad*, XVII. 62)

*

El amigo cierto se halla en los asuntos inciertos. (*De la amistad*, XVII. 64)

*

Muchos pellizcos de sal hay que haber comido juntos antes de que los requerimientos de la amistad se hayan cumplido. (*De la amistad*, XIX. 67)

*

A la disparidad de carácter sigue la disparidad en las aficiones, de donde se sigue la ruptura de las amistades. (*De la amistad*, XX. 74)

*

Se ha de considerar en todas las ocasiones qué pedirás a un amigo y qué le concederás cuando él te haga una petición. (*De la amistad*, XX. 76)

*

Nada es más vergonzoso que estar en guerra con aquel con quien has vivido en intimidad. (*De la amistad*, XXI. 77)

*

Contra este mal y sus inconvenientes hay un solo remedio y una sola precaución, que es no apresurarse a entregar el afecto ni otorgarlo a personas indignas. (*De la amistad*, XXI. 79)

*

Pero la mayoría, sin razón, por no decir con toda desfachatez, quieren tener unos amigos tales que sean como ellos no pueden ser y demandan de ellos lo que ellos no dan. (*De la amistad*, XXI. 82)

*

Quien despoja a la amistad del respeto, le despoja de su joya más preciada. (*De la amistad*, XXI. 82)

*

Conviene entregar el propio afecto al amigo tras haberlo juzgado; no debes juzgarle una vez que has comenzado a estimarle. (*De la amistad*, XXII. 85)

*

Si alguien ascendiera hasta el cielo y contemplara claramente la estructura del universo y la belleza de las estrellas, no podría complacerse en aquella maravilla a menos que tuviera a alguien a quien poder contárselo. (*De la amistad*, XXII. 88)

*

La cortesía nos procura amigos; la verdad, enemigos. (*De la amistad*, XXIV. 89)

*

Ten a mano la amabilidad y aleja de ti la adulación, criada del vicio, ya que es indigna no solo de un amigo, sino de cualquier hombre libre, pues de una manera vivimos con un tirano, de otra con un amigo. (*De la amistad*, XXIV. 89)

*

Debemos desesperar del bienestar de aquel cuyos oídos están tan cerrados a la verdad que ni siquiera puede escuchar la verdad de labios de un amigo. (*De la amistad*, XXIV. 90)

*

Algunos son mejor servidos de enemigos mordaces que de amigos que parecen todo dulzura, porque los primeros a menudo dicen la verdad; los segundos, nunca. (*De la amistad*, XXIV. 90)

*

¿Qué puede haber tan acomodaticio y tan sin razón como el ánimo de aquel que no solo cambia para adaptarse al humor y la voluntad de otro, sino también a su expresión y gesto? (*De la amistad*, XXV. 93)

*

Aquel que presta más oído a las lisonjas es el mismo que es más dado a halagarse a sí mismo y que más se deleita en su persona. (*De la amistad*, XXV. 97)

*

De nada vale la amistad en que uno no quiere escuchar la verdad y el otro está presto a mentir. (*De la amistad*, XXV. 98)

*

Por mucho que los asuntos humanos sean frágiles y caducos, hemos de buscar siempre alguien a quien querer y de quien seamos queridos, porque si se nos arrebata el afecto y el amor, la vida pierde toda su alegría. (*De la amistad*, XXVII. 102)

*

«Oh, Tito, si mi ayuda aliviara las preocupaciones que ahora habitan en tu pecho abrasando tu corazón y torturándolo, ¿cuál sería mi recompensa?» (*De la vejez*, I. 1)

*

Para aquellos que no tienen en sí mismos los medios para vivir feliz y buenamente, toda edad es una carga. (*De la vejez*, II. 4)

*

De hecho, ninguna edad, no importa cuánto se extienda, puede procurar, una vez pasada, consuelo a una vejez necia o dulcificarla. (*De la vejez*, II. 4)

*

Puesto que la naturaleza ha planeado atentamente las restantes partes de la vida, no es verosímil que haya descuidado el acto final como si fuera un dramaturgo inepto. (*De la vejez*, II. 5)

*

La culpa de tales quejas radica en las costumbres, no en la vejez. (*De la vejez*, III. 7)

*

Alguno quizás podría replicar que la vejez te parece más tolerable debido a tus recursos, a tus medios y a tu posición social; y eso no puede tenerlo la mayoría. (*De la vejez*, III. 8)

*

En el transcurso de una contienda, cierta persona procedente de Serifos le dijo a Temístocles: «Tu brillante reputación se debe a la fama de tu patria, no a la tuya», a lo que este respondió: «Cierto, por Hércules; no habría sido nunca ilustre si hubiera sido de Serifos, ni tú si hubieras sido ateniense». (*De la vejez*, III. 8)

*

En medio de la mayor indigencia, la vejez no puede ser ligera, ni siquiera para el sabio, pero tampoco para el necio, en medio de la más grande riqueza, puede ser de otra forma que gravosa. (*De la vejez*, III. 9)

*

Un hombre solo, contemporizando, restableció nuestra república. (*De la vejez*, III. 10)

*

Había leído mucho, para ser romano. (*De la vejez*, IV. 11)

*

No todo el mundo puede ser un Escipión o un Máximo y recordar las ciudades que ha conquistado, las batallas terrestres y marítimas en las que ha participado, las campañas en las que ha luchado, o los triunfos que ha obtenido. (*De la vejez*, V. 13)

*

A los setenta años —así de longevo fue Ennio— sobrellevaba las dos cargas que se consideran más pesadas, la pobreza y la vejez, de tal manera que parecía casi deleitarse en ellas. (*De la vejez*, V. 14)

*

Quienes niegan que la vejez sea activa no alegan nada que sea consistente, y son semejantes a aquellos que afirman que el piloto no contribuye a la navegación, porque mientras los demás trepan por los mástiles o corren por el puente, o vacían la sentina, él está sentado tranquilamente en la popa manejando el timón. (*De la vejez*, VI. 17)

*

«¿Cómo es que perdiste —te pregunto— tan pronto tu poderosa república?» [...] «Debido a oradores novatos, necios jovenzuelos.» (*De la vejez*, VI. 20)

*

Nunca oí de ningún anciano que olvidara dónde había escondido su tesoro. (*De la vejez*, VII. 21)

*

Los mayores recuerdan lo que les interesa, la obligación de comparecer ante los tribunales, a quiénes deben dinero, quiénes son los que se lo deben a ellos. (*De la vejez*, VII. 21)

*

Nadie es tan anciano que no piense que vivirá un año más. (*De la vejez*, VII. 24)

*

Planta árboles para que sirvan en otro siglo. (*De la vejez*, VII. 24)

*

En verdad, oh, vejez, aunque no comportaras ningún otro vicio, sino únicamente este, él solo me sería suficiente, porque viviendo mucho, mucho se ve que no se quisiera ver. (*De la vejez*, VIII. 25)

*

Lo que en verdad tengo por la peor desgracia de la vejez es sentir en esa edad que eres aborrecible para otro. (*De la vejez*, VIII. 25)

*

La vejez se hace más ligera a aquellos que son frecuentados y apreciados por los jóvenes. (*De la vejez*, VIII. 26)

*

Ciertamente no deseo ahora las fuerzas de la juventud [...] más de lo que deseaba cuando era joven la de un toro o un elefante. (*De la vejez*, IX. 27)

*

A menudo el habla suave y dulce de un anciano elocuente le hace ganar un público atento. (*De la vejez*, IX. 28)

*

Ningún maestro de humanidades debería ser considerado infeliz, aunque su vigor corporal se haya debilitado y le falten las fuerzas. (*De la vejez*, IX. 30)

*

Envejece pronto si quieres ser viejo largo tiempo. (*De la vejez*, IX. 32)

*

¿Qué prefieres, las fuerzas de Milón o la agudeza mental de Pitágoras? (*De la vejez*, IX. 33)

*

En suma, disfruta de lo bueno mientras lo tengas y no te lamentes cuando ya no esté. (*De la vejez*, X. 33)

*

La senda de la naturaleza es una sola y es un camino de ida, y a cada edad le es asignado un momento propicio, de modo que la debilidad de la niñez, la impetuosidad de la juventud, la constancia de la mediana edad y la madurez de la vejez gozan, cada una de ellas, de los frutos de la naturaleza, que han de ser recogidos en su punto de sazón. (*De la vejez*, X. 33)

*

Por ley y por costumbre los hombres de mi edad están exentos de las obligaciones que no pueden cumplirse sin fuerza corporal. Como consecuencia, no solo no se nos obliga a hacer aquello de lo que no somos capaces, sino tampoco lo que podemos. (*De la vejez*, XI. 34)

*

El ejercicio físico carga el cuerpo con fatiga, pero la actividad intelectual estimula la mente. (*De la vejez*, XI. 36)

*

La vejez es honorable si se defiende a sí misma reteniendo sus derechos, manteniendo su independencia, gobernando sobre sus dominios hasta el último suspiro. (*De la vejez*, XI. 38)

*

Apruebo tanto que el joven tenga un toque de madurez como que en el anciano haya un elemento de juventud. (*De la vejez*, XI. 38)

*

Estoy profundamente agradecido a la vejez, que ha incrementado mi deseo de conversar y me ha quitado el de beber y comer. (*De la vejez*, XIV. 46)

*

Cuando los samitas trajeron a Curio, que estaba sentado frente al fuego, una gran cantidad de oro, la repudió diciendo «a mí me parece que la gloria está, no en poseer el oro, sino en mandar sobre aquellos que lo poseen». (*De la vejez*, XVI. 56)

*

La corona de la vejez es gozar de autoridad. (*De la vejez*, XVII. 61)

*

La vejez, cuando se ve exaltada con cargos públicos, disfruta de una autoridad sin duda más placentera que los placeres sensuales de la juventud. (*De la vejez*, XVII. 61)

*

¡Desgraciada la vejez que tiene que defenderse con palabras! (*De la vejez*, XVIII. 62)

*

Ni las canas ni las arrugas pueden conferir repentinamente autoridad, pero cuando la edad precedente ha sido honrada, se puede entonces recoger finalmente los frutos de la autoridad. (*De la vejez*, XVIII. 62)

*

Como ocurre con el vino, no todas las naturalezas se agrian con la edad. (*De la vejez*, XVIII. 65)

*

En lo que se refiere a la avaricia en la vejez, no la entiendo, pues ¿qué puede ser más absurdo en el caminante que cargarse de equipaje cuando se acerca al final del viaje? (*De la vejez*, XVIII. 65-66)

*

Para complacer al público, un actor no necesita permanecer en el escenario hasta el final de la obra; es suficiente con que goce de aprobación en los actos en que aparezca. Tampoco es necesario para los sabios que lleguen hasta la caída del telón. (*De la vejez*, XIX. 70)

*

Aunque el tiempo de la edad sea breve, es suficientemente larga para vivir bien y honestamente. (*De la vejez*, XIX. 70)

*

El fruto de la vejez [...] es la memoria de las abundantes bondades anteriores. (*De la vejez*, XIX. 71)

*

Los jóvenes, cuando mueren, me recuerdan a una llama sofocada violentamente por un torrente de agua, pero cuando lo hacen los ancianos es como si un cabo se extinguiera sin el uso de la fuerza, casi por voluntad propia, como cuando el fuego se consume por sí mismo. (*De la vejez*, XIX. 71)

*

La idea de estar maduro para la muerte me es tan grata que, a medida que me aproximo a ella, me siento más y más como el que avista tierra finalmente y está a punto de arribar a puerto después de una larga navegación. (*De la vejez*, XIX. 71)

*

La vejez no tiene término cierto, y ello es una buena razón para que sea vivida mientras se pueda cumplir con los cargos y obligaciones, menospreciando la muerte, por lo que la ancianidad se hace más animosa y fuerte que la juventud. (*De la vejez*, XX. 72)

*

¿Acaso supones —por alabarme de algo, a la manera de los ancianos— que hubiera soportado tantos esfuerzos día y noche, aquí y en las campañas militares, si creyera que el término de mi vida iba a marcar los límites de mi fama? (*De la vejez*, XXIII. 82)

*

¿Qué ventaja tiene la vida? O mejor, ¿qué trabajo no tiene? Mas tiene sin duda: tiene ciertamente o hartura o término. (*De la vejez*, XXIII. 84)

*

No me place a mí llorar la vida, como muchos —y entre ellos los doctos— hicieron, ni me arrepiento de haber vivido, porque así he vivido que no me parece haber nacido en balde. (*De la vejez*, XXIII. 84)

*

La naturaleza nos dio posada donde posar, no morada para morar. (*De la vejez*, XXIII. 84)

*

La vejez es la última edad, así como el último acto del drama, del que debemos salir cuando se hace fatigoso, sobre todo si ya hemos cumplido. (*De la vejez*, XXIII. 85)

Deberes

Ninguna época de la vida, tanto en la esfera pública como privada, ya sea en el trabajo o en casa, tanto si lo que haces lo haces para ti o para otro, puede carecer de obligación moral. (*Sobre los deberes*, I. ii)

*

Toda exposición ordenada sobre un asunto debe comenzar por su definición, de modo que pueda comprenderse sobre qué se debate. (*Sobre los deberes*, I. ii)

*

Por encima de todo, es propia del hombre la búsqueda e inquisición de la verdad. (*Sobre los deberes*, I. iv)

*

La mayor diferencia entre un hombre y un animal reside en que, en tanto en cuanto este se mueve por los sentidos y con poca percepción del pasado y el futuro, se adapta únicamente a lo que está presente en ese momento, mientras que el hombre, como está dotado de raciocinio, por el cual discierne las consecuencias y percibe las causas de las cosas —comprendiendo los efectos y los antecedentes, comparando analogías y conectando y asociando el presente y el futuro—, puede contemplar con facilidad el curso entero de su vida y realizar los preparativos necesarios para adaptarse a él. (*Sobre los deberes*, I. iv)

*

Todos nos sentimos atraídos por el deseo de saber y de conocimiento, en los que consideramos glorioso destacar; en cambio, consideramos torpe y negativo caer en el error, no saber, engañarnos. (*Sobre los deberes*, I. vi)

*

Pero ser arrastrado por el estudio fuera de la vida activa es contrario al deber moral, pues toda la gloria de la virtud consiste en la acción. (*Sobre los deberes*, I. vi)

*

El primer deber de la justicia es evitar que un hombre haga daño a otro. (*Sobre los deberes*, I. vii)

*

La propiedad privada no fue instituida por la naturaleza, sino que la propiedad deviene privada como consecuencia de una larga ocupación (como en el caso de los que se establecieron en una tierra deshabitada), o de una conquista (como en el caso de las tierras tomadas en una guerra), o de un proceso legal, o de una compra, o de un reparto. (*Sobre los deberes*, I. vii)

*

No hemos nacido solo para nosotros mismos: una parte de nosotros es reclamada por la patria; otra, por los amigos. (*Sobre los deberes*, I. vii)

*

La base de la justicia es la confianza mutua. (*Sobre los deberes*, I. vii)

*

Hay dos clases de injusticia: una, la de aquellos que la llevan a cabo; otra, la de quienes pudiendo no evitan que la padezcan otros. (*Sobre los deberes*, I. vii)

*

La mayor parte de la gente se siente empujada a cometer alguna tropelía para conseguir aquello que codician ansiosamente. (*Sobre los deberes*, I. viii)

*

Marco Craso no hace mucho declaró que ninguna cantidad de dinero era lo suficientemente grande para quien quisiera ser el hombre más importante de la república, a menos que de sus rentas pudiera mantener un ejército. (*Sobre los deberes*, I. viii)

*

No hay ninguna alianza sagrada, ningún pacto se cumple cuando se trata del poder del reino. (*Sobre los deberes*, I. viii)

*

El problema acerca de esta cuestión es que en los espíritus más elevados y en las inteligencias más brillantes es donde más se da el ansia por los honores, el mando, el poder y la gloria. (*Sobre los deberes*, I. viii)

*

Un acto intrínsecamente bueno es justo solo si es voluntario. (*Sobre los deberes*, I. ix)

*

Hay algunos que, llevados del celo por atender los asuntos propios o porque sienten cierta aversión a tratar con otros hombres, proclaman que se ocupan solo de sus propios asuntos sin que les parezca que hacen daño a nadie. [...] Son desertores de la vida en sociedad, a la que no contribuyen con ninguno de sus intereses, ninguna de sus actividades, ninguna de sus facultades. (*Sobre los deberes*, I. ix)

*

En la comedia de Terencio, dice Cremes: «nada relativo al hombre me es ajeno». (*Sobre los deberes*, I. ix)

*

Sin embargo, cuando las cosas resultan prósperas o adversas para nosotros, las percibimos más cerca y las sentimos más que cuando les ocurre lo mismo a otros; entonces las contemplamos como separados por una larga distancia y por esa razón pensamos que nuestro caso es distinto del suyo. (*Sobre los deberes*, I. ix)

*

Lo que está bien brilla por sí mismo; la duda es señal de que tenemos en mente alguna injusticia. (*Sobre los deberes*, I. ix)

*

Hay a menudo ocasiones en que lo que parece más propio del hombre justo y de aquel que llamamos bueno se transforma y toma el aspecto contrario. (*Sobre los deberes*, I. x)

*

Las promesas no han de mantenerse si ello resultara perjudicial para aquellos a quienes se las has hecho. (*Sobre los deberes*, I. x)

*

No es contrario al deber moral dar precedencia al mayor bien contra el menor. (*Sobre los deberes*, I. x)

*

Máximo derecho, máxima injusticia. (*Sobre los deberes*, I. x)

*

En una tregua de treinta días pactada con el enemigo, uno asolaba los campos de noche porque decía que la tregua estipulaba «días», no noches. (*Sobre los deberes*, I. x)

*

La única justificación para emprender la guerra es que sirva para vivir sin injusticias y en paz. (*Sobre los deberes*, I. xi)

*

Se debe procurar una paz sin insidias. (*Sobre los deberes*, I. xi)

*

Ninguna guerra es justa si no se emprende después de haber pedido una satisfacción o ha sido declarada formalmente. (*Sobre los deberes*, I. xi)

*

Enemigo *(hostes)* se decía en las generaciones pasadas al que hoy llamamos foráneo *(peregrinus)*. (*Sobre los deberes*, I. xi)

*

Luchamos de una manera con un conciudadano cuando es nuestro enemigo, de otra cuando se trata de un rival. Con el rival la lucha es por alcanzar un cargo o una dignidad, con el enemigo por la propia vida y el honor. (*Sobre los deberes*, I. xii)

*

No seamos traficantes en la guerra, sino combatientes. (*Sobre los deberes*, I. xii)

*

En cuestión de promesas se ha de considerar el sentido, no las palabras. (*Sobre los deberes*, I. xiii)

*

Se pueden cometer fechorías de dos formas, mediante el engaño o haciendo uso de violencia; el engaño parece propio del zorro; la fuerza, del león. Ambas son impropias de la condición humana, aunque el engaño es más digno de rechazo. (*Sobre los deberes*, I. xiii)

*

Hablemos de la amabilidad y la generosidad. Nada es más propio de la naturaleza humana, pero deben tenerse en cuenta muchas precauciones. En primer lugar, ha de procurarse que nuestra generosidad no dañe a quienes queremos beneficiar ni a otros; segundo, que no sea mayor que nuestros recursos y, por último, que sea proporcional a los merecimientos de aquel con quien somos generosos. (*Sobre los deberes*, I. xiii)

*

Deben contarse, no entre los generosos benefactores, sino entre los perniciosos aduladores quienes hacen un favor a alguien al que parecería que quieren beneficiar, pero que de esta manera sale perjudicado. (*Sobre los deberes*, I. xiii)

*

Hay muchos —y especialmente los ambiciosos de eminencia y fama— que despojan a unos para dar a otros. (*Sobre los deberes*, I. xiii)

*

No es generosidad si no es al mismo tiempo justo. (*Sobre los deberes*, I. xiv)

*

No vivimos con hombres perfectos y del todo sabios, sino con quienes ya resulta notable si en ellos se encuentra algo parecido a la virtud. (*Sobre los deberes*, I. xv)

*

¿No deberíamos imitar los campos fértiles, que dan mucho más de lo que reciben? (*Sobre los deberes*, I. xv)

*

A la hora de dar un beneficio y de devolver un favor, en igualdad de otras circunstancias, la obligación principal es ayudar sobre todo al que más lo necesite. La mayoría hace lo contrario: se ponen sobre todo al servicio de aquel de quien esperan recibir más. (*Sobre los deberes*, I. xv)

*

Entre amigos todo debe ser común. (*Sobre los deberes*, I. xvi)

*

Quien amablemente muestra al hombre errante el camino es como quien da de su llama para que otro prenda su luz, que no brilla menos la suya cuando su amigo también disfruta de ella. (*Sobre los deberes*, I. xvi)

*

Cuando no se sufre detrimento por ello, debe darse de los bienes incluso al desconocido. (*Sobre los deberes*, I. xvi)

*

El primer vínculo social se da entre marido y mujer, después con los hijos; luego está el hogar en el que se comparte todo. Y este es el fundamento de la sociedad civil y, por decirlo así, la semilla del Estado. (*Sobre los deberes*, I. xvii)

*

Queridos son los padres, queridos son los hijos, los parientes, los amigos, pero la tierra donde se ha nacido abarca todos los amores. (*Sobre los deberes*, I. xvii)

*

Del mismo modo que sin experiencia y práctica ni los médicos, ni los mandos militares, ni los oradores pueden alcanzar gran éxito aunque dominen las reglas de la teoría, así las reglas para observar las obligaciones morales podrán ser formuladas, como estoy haciendo yo, pero asunto de tanta importancia requiere de la experiencia y la práctica. (*Sobre los deberes*, I. xviii)

*

Tú, salmácida, has ganado tu botín sin sudor ni sangre. (*Sobre los deberes*, I. xviii)

*

No solo debe llamarse al saber que permanece alejado de la justicia astucia, sino que el ánimo preparado para el peligro, si se mueve a impulso de su deseo y no del bien común, ha de recibir el nombre de desfachatez y no de coraje. (*Sobre los deberes*, I. xix)

*

Cuando se aspira a alcanzar un lugar de preeminencia resulta difícil guardar la ecuanimidad que es esencial en la justicia. (*Sobre los deberes*, I. xix)

*

Cuanto mayor la dificultad, mayor la gloria. (*Sobre los deberes*, I. xix)

*

No aquellos que cometen tropelías, sino quienes impiden que se hagan han de ser considerados valientes y grandes de corazón. (*Sobre los deberes*, I. xix)

*

La verdadera y sabia grandeza de espíritu considera que la honradez que persigue la naturaleza reside en los hechos, no en la fama, y prefiere ser primero en la realidad de los hechos que en el nombre. (*Sobre los deberes*, I. xix)

*

Cuanto más alto apunte la ambición de un hombre, más fácilmente se verá tentado a cometer actos injustos en su ansia de gloria. (*Sobre los deberes*, I. xix)

*

Estamos en terreno resbaladizo, pues apenas se encontrará a nadie que haya superado pruebas difíciles y afrontado peligros y que no desee la gloria como recompensa a sus logros. (*Sobre los deberes*, I. xix)

*

Pues estaremos de acuerdo en que se necesita fortaleza de carácter y un gran ánimo para considerar una fruslería lo que la mayoría considera eximio y glorioso. (*Sobre los deberes*, I. xx)

*

No sería congruente que a quien no ha vencido el temor le venza la codicia, ni que quien ha superado las tribulaciones sea derribado por el deseo. (*Sobre los deberes*, I. xx)

*

Debemos permanecer en guardia ante la ambición de fama, pues nos arrebata la libertad, por la que el hombre con grandeza de corazón debe luchar sobre todo. (*Sobre los deberes*, I. xx)

*

Quizás se debe excusar a esos hombres de inteligencia extraordinaria que se han dedicado al estudio de no haber tomado parte en los asuntos públicos. (*Sobre los deberes*, I. xxi)

*

Debe advertirse a quien está a punto de acceder a un cargo público de que no piense solo en la honra que conlleva; también debe estar seguro de que posee facultades para realizar tal labor. (*Sobre los deberes*, I. xxi)

*

La mayoría piensa que los logros de la guerra son más importantes que los éxitos civiles, pero esa opinión ha de ser corregida. (*Sobre los deberes*, I. xxi)

*

Las armas son de poco provecho en el campo de batalla si no hay buen consejo en el país. (*Sobre los deberes*, I. xxii)

*

Cedan las armas a la toga, los laureles al elogio. (*Sobre los deberes*, I. xxii)

*

La guerra ha de ser emprendida de modo que sea evidente que su meta es la paz. (*Sobre los deberes*, I. xxiii)

*

Consideraremos enemigos a los que alcen sus armas contra nosotros, no a quienes quieran servir al Estado de acuerdo con sus convicciones. (*Sobre los deberes*, I. xxv)

*

Sería de desear que quienes administran la república fueran semejantes a las leyes, que se dictan para castigar no con ira, sino con ecuanimidad. (*Sobre los deberes*, I. xxv)

*

Cuanto más altos estemos, más humildes debemos mostrarnos. (*Sobre los deberes*, I. xxvi)

*

Lo mismo que cuando los caballos solían ponerse en manos de los domadores cuando se habían vuelto indómitos y en exceso fogosos por su frecuente participación en las batallas, así los hombres que por la prosperidad de sus asuntos han perdido el sentido de los límites y se han vuelto presuntuosos deberían ser sometidos, por así decirlo, a entrenamiento a base de razón y saber, para que comprendan la fragilidad de los asuntos humanos y la inestabilidad de la fortuna. (*Sobre los deberes*, I. xxvi)

*

Nadie debería hacer nada para lo que no pudiera dar un motivo razonable. (*Sobre los deberes*, I. xxviii)

*

En toda inquisición acerca del deber moral conviene tener a la vista cuán superior es la naturaleza del hombre a la del ganado y los animales salvajes. (*Sobre los deberes*, I. xxx)

*

Porque sin duda algunos hombres lo son solo en el nombre. (*Sobre los deberes*, I. xxx)

*

Hay otros que se doblegarán ante lo que sea, se someterán a quien sea, con tal de conseguir lo que quieren. (*Sobre los deberes*, I. xxx)

*

Infinidad de otras diferencias existen en la naturaleza y en las costumbres; sin embargo, no deben censurarse en lo más mínimo. (*Sobre los deberes*, I. xxx)

*

Debemos comportarnos sin contravenir las leyes universales de la naturaleza humana, pero una vez preservadas estas, sigamos nuestra propia inclinación. (*Sobre los deberes*, I. xxx)

*

No sirve de nada luchar contra la propia naturaleza o perseguir lo que no se puede lograr. (*Sobre los deberes*, I. xxx)

*

Si es que existe el decoro, no puede ser otra cosa sino la coherencia en el curso del conjunto de nuestra vida y en cada una de las acciones singulares que la integran. (*Sobre los deberes*, I. xxxi)

*

Todos deberíamos hacer una estimación de nuestra inteligencia y habilidad natural, sometiendo a juicio nuestras cualidades y defectos. (*Sobre los deberes*, I. xxxi)

*

A este respecto los actores parecen desplegar mayor sabiduría que nosotros, pues eligen no las mejores obras, sino aquellas que les resultan más apropiadas. (*Sobre los deberes*, I. xxxi)

*

Nos desenvolveremos mejor en aquel papel para el que estamos mejor dotados. (*Sobre los deberes*, I. xxxi)

*

Los reinos, el poder, la nobleza, los honores, las riquezas y los elementos que son sus opuestos dependen de la suerte y, por tanto, están gobernados por las circunstancias. (*Sobre los deberes*, I. xxxii)

*

A veces sucede que alguien rechaza seguir los pasos paternos. (*Sobre los deberes*, I. xxxii)

*

Por encima de todo, se ha de decidir qué tipo de persona queremos ser y qué tipo de vida queremos llevar; y este es el dilema más difícil de todos. (*Sobre los deberes*, I. xxxii)

*

Generalmente estamos tan embutidos de los consejos de nuestros padres que caemos sin remedio en sus hábitos y costumbres. (*Sobre los deberes*, I. xxxii)

*

Algunos se dejan llevar por la opinión de la multitud y optan por lo que a la mayoría le parece más atractivo. (*Sobre los deberes*, I. xxxii)

*

Algunos, sin embargo, como resultado de una circunstancia feliz o de su habilidad natural siguen la senda apropiada de su vida sin ayuda de sus padres. (*Sobre los deberes*, I. xxxii)

*

Dado que en la elección de la carrera de la vida la naturaleza es lo que tiene más peso y a continuación el destino, debemos, por supuesto, tener en cuenta a ambos para elegir el tipo de vida que queremos vivir, pero más a la naturaleza. (*Sobre los deberes*, I. xxxiii)

*

La mejor herencia que pueden dar los padres a los hijos, mejor que cualquier patrimonio, es una reputación virtuosa y de hechos destacados. (*Sobre los deberes*, I. xxxiii)

*

Las obligaciones morales no son las mismas a edades diferentes. (*Sobre los deberes*, I. xxxiii)

*

Es propio del cargo del magistrado tener presente que representa al Estado y que es su deber mantener su dignidad y su decoro, guardar las leyes, precisar los derechos y recordar que todo se le ha encargado de buena fe. (*Sobre los deberes*, I. xxxiv)

*

En asuntos relativos al Estado, al que procura su paz y su honor solemos llamarlo buen ciudadano y estimarlo como tal. (*Sobre los deberes*, I. xxxiv)

*

El decoro al que me refiero se muestra en los hechos, en los dichos, en los gestos y el movimiento del cuerpo. (*Sobre los deberes*, I. xxxv)

*

Lo que la naturaleza ha ocultado, los hombres en su sana razón lo mantienen fuera de la vista. (*Sobre los deberes*, I. xxxv)

*

Realizar esas funciones de modo escondido no es inmoral; hablar de ellas es indecente. (*Sobre los deberes*, I. xxxv)

*

Robar, engañar, cometer adulterio, por ejemplo, son hechos inmorales, pero no es indecente nombrarlos; engendrar hijos es cosa honesta, pero hablar de ello es obsceno. (*Sobre los deberes*, I. xxxv)

*

Sigamos a la naturaleza y rehuyamos cualquier cosa ofensiva a nuestros oídos y nuestros ojos. (*Sobre los deberes*, I. xxxv)

*

Hay dos clases de belleza: en una predomina la hermosura, en la otra la distinción. (*Sobre los deberes*, I. xxxv)

*

Los movimientos del alma son de dos tipos: unos tienen que ver con el pensamiento, otros con los impulsos. El pensamiento se ocupa principalmente de buscar la verdad, los impulsos empujan a la acción. (*Sobre los deberes*, I. xxxv)

*

Hay reglas para la retórica establecidas por los oradores; para la conversación no hay ninguna.

No sé por qué no podría haberlas también. (*Sobre los deberes*, I. xxxvi)

*

Dondequiera que hay discípulos para estudiar, hay maestros. (*Sobre los deberes*, I. xxxvii)

*

Debemos mantener la ira lejos de nosotros, pues airado no hay nada que pueda hacerse rectamente, nada que sea razonable. (*Sobre los deberes*, I. xxxviii)

*

Es de mal gusto hablar de uno mismo, sobre todo si lo que se dice es falso, y, en medio de la rechifla de los que escuchan, imitar al soldado fanfarrón. (*Sobre los deberes*, I. xxxviii)

*

La dignidad ha de verse ornada con la casa, pero no ha de cifrarse toda en ella; la casa ha de verse honrada por su dueño, no el dueño por la casa. (*Sobre los deberes*, I. xxxix)

*

«¡Oh, vieja casa, cuán diferente era tu dueño!» Y en estos tiempos podría decirse de muchas. (*Sobre los deberes*, I. xxxix)

*

Se debe tener cuidado en no traspasar los límites del gasto y la ostentación, sobre todo si se construye la casa para uno mismo. (*Sobre los deberes*, I. xxxix)

*

La moderación es la ciencia de hacer y decir cada cosa en su lugar. (*Sobre los deberes*, I. xxxix)

*

En la conducta se debe seguir un orden tal que, como ocurre en un discurso pulido, todo en la vida concuerde y sea armonioso. (*Sobre los deberes*, I. xl)

*

Sin vergüenza nada puede hacerse rectamente, nada que sea honrado. (*Sobre los deberes*, I. xli)

*

En suma, para no entrar en detalles, hemos de respetar, defender y mantener los lazos de unión y sociedad comunes al género humano. (*Sobre los deberes*, I. xli)

*

Es de reputar como sórdidos a quienes comercian con comerciantes para vender la mercancía inmediatamente después, pues no podrán conseguir ganancias si no es mintiendo profusamente. (*Sobre los deberes*, I. xlii)

*

Mi opinión es que están más de acuerdo con la naturaleza las obligaciones morales que tienen que ver con la comunidad que las que derivan del conocimiento. (*Sobre los deberes*, I. xvliii)

*

De ello se deduce que, por delante de los que impone la búsqueda del conocimiento, debemos otorgar precedencia a los deberes relacionados con la justicia, que atañen al provecho común de los hombres; y nada debe ser más sagrado que ello. (*Sobre los deberes*, I. xliii)

*

Y los estudiosos, que han entregado su vida entera y sus inclinaciones a la búsqueda del conocimiento, no han dejado de contribuir, después de todo, al provecho común y a aumentar los privilegios del hombre, pues han hecho de muchos mejores ciudadanos y que fueran más útiles en los asuntos públicos. (*Sobre los deberes*, I. xliv)

*

Así, lo más importante que han dado esos mismos devotos del saber y la ciencia es haber aplicado su sabiduría práctica y su inteligencia al servicio de la humanidad. (*Sobre los deberes*, I. xliv)

*

Por esa misma razón, el hablar copioso, si contiene saber, es mejor que la especulación más elevada carente de facilidad de expresión, pues la reflexión se centra en sí misma mientras que por la elocuencia se extiende a aquellos que están unidos por los vínculos de la sociedad. (*Sobre los deberes*, I. xliv)

*

Y así como los enjambres de abejas no se congregan para elaborar miel, sino que la miel es resultado de su naturaleza gregaria, los hombres —en grado mucho mayor— aplican su industriosidad a hacer y a pensar debido a su naturaleza social. (*Sobre los deberes*, I. xliv)

*

El sabio no hará tal cosa por su país, ni su país consentirá que lo haga por él. (*Sobre los deberes*, I. xl)

*

Por consiguiente, este asunto puede darse por zanjado: cuando se trata de escoger entre obligaciones morales en conflicto, tiene precedencia la clase de los que responden a los intereses de la sociedad. (*Sobre los deberes*, I. xl)

*

Los hombres suelen dudar no solo si una acción es moral o inmoral, sino, entre dos propuestas morales, cuál es mejor. (*Sobre los deberes*, I. xlv)

*

Y si existiera el hombre que censura el estudio de la filosofía, no soy capaz de ver qué considerará digno de elogio. (*Sobre los deberes*, II. ii)

*

¿Qué tipo de mente, o mejor, qué tipo de vida podría vivir sin estar sujeta a las reglas de la razón e incluso del vivir? (*Sobre los deberes*, II. ii)

*

Mientras otros sostienen que hay cosas ciertas y cosas inciertas, nosotros, disintiendo de ellos, decimos que algunas cosas son probables; otras, improbables. (*Sobre los deberes*, I. ii)

*

En lo que respecta al hecho de que nuestra escuela argumenta contra todo, es porque no puede elucidarse qué es probable a menos que se discutan los argumentos de ambas partes. (*Sobre los deberes*, II. ii)

*

Sobre lo que tratamos ahora es lo mismo que se llama 'provechoso' o 'útil'. El uso de esta palabra se ha corrompido y pervertido, llegándose al punto en el que se ha separado la rectitud moral del provecho, aceptándose que algo pueda ser moralmente correcto sin ser provechoso y provechoso sin ser moralmente correcto, lo cual no podría ser más pernicioso para la vida de los hombres. (*Sobre los deberes*, II. iii)

*

Esos admiradores de hombres fulleros y astutos toman a menudo la malicia por sabiduría. (*Sobre los deberes*, II. iii)

*

No puede haber la menor duda de que el hombre es la mayor fuente de beneficios y la mayor causa de destrucción para el hombre. (*Sobre los deberes*, II. v)

*

En efecto, la virtud, en general, puede decirse que consiste casi enteramente en tres cosas, de las cuales una es la perspicacia en distinguir lo que es verdadero y carente de doblez y cómo se relaciona con otras cosas —cuáles son sus consecuencias, de qué causas nace—; otra es la habilidad de refrenar los movimientos de turbación del ánimo [...] y hacer que los apetitos obedezcan a la razón, y la tercera es tratar con moderación y sabiduría a aquellos con quienes vivimos en sociedad. (*Sobre los deberes*, II. v)

*

Cuandoquiera que los hombres conceden a alguien los medios para que aumente su estado o su dignidad, lo hacen bien por un acto de buena voluntad, cuando por alguna razón le aprecian, bien porque han valorado sus méritos y consideran que es digno de gozar de una espléndida fortuna, bien porque tienen fe en él y creen que así actúan en su propio beneficio, o bien porque temen su poder o, por el contrario, porque esperan algún favor —como cuando, por ejemplo, los reyes o los dirigentes populares ponen ante la vista grandes cantidades de dinero—, o finalmente pueden estar movidos por la promesa de pago o de recompensa. Esta es la más sórdida y mezquina de las motivaciones, tanto por parte de los que se dejan arrastrar por ella como por la de quienes se atreven a recurrir a ella. (*Sobre los deberes*, II. vi)

*

Mal están las cosas cuando lo que debía conseguirse por mérito se intenta por dinero. (*Sobre los deberes*, II. vi)

*

Son varios los motivos por los que los hombres se someten a la autoridad y poder de otro. Pues pueden verse conducidos por un acto de buena voluntad, o por gratitud por los grandes beneficios recibidos, o por la eminencia de su posición social, o por la esperanza de que esa subordinación les sea útil en el futuro, o por miedo a ser obligados a someterse, o por la esperanza de conseguir dinero y por promesas de liberalidad o, por último, se puede ser sobornado con dinero, como hemos visto con frecuencia suceder en nuestra república. (*Sobre los deberes*, II. vi)

*

Odian a quien temen; a quien se odia se le desea ver muerto. (*Sobre los deberes*, II. vii)

*

Ningún poder puede resistir el odio de muchos. (*Sobre los deberes*, II. vii)

*

El temor es mal guardián para el poder que quiere conservarse largo tiempo; en el afecto puede confiarse para mantenerlo a perpetuidad. (*Sobre los deberes*, II. vii)

*

Quienes en un estado libre lo disponen todo para que se les tema no pueden estar más locos. (*Sobre los deberes*, II. vii)

*

Quienes quieren ser temidos por fuerza acabarán temiendo a aquellos a los que desean intimidar. (*Sobre los deberes*, II. vii)

*

Nuestro gobierno debía ser llamado más verdaderamente protectorado del mundo que imperio. (*Sobre los deberes*, II. viii)

*

Y así, solo las paredes de las casas de la ciudad permanecen de pie —y ello en el temor de los crímenes más odiosos—, pero en verdad hemos perdido a la república para siempre. (*Sobre los deberes*, II. viii)

*

Tenemos fe en aquellos de quienes pensamos que son más inteligentes que nosotros y creemos que tienen más visión de futuro y que, cuando surja una emergencia y el momento de crisis llegue, puedan resolver el asunto y alcanzar una decisión adecuada a las circunstancias: este es el tipo de sabiduría que los hombres estiman verdadero y útil. (*Sobre los deberes*, II. ix)

*

Quita a un hombre su reputación de integridad, y cuanto más sagaz y astuto sea, más odiado será y tanto más provocará desconfianza. (*Sobre los deberes*, II. ix)

*

Una cosa es la precisión en el lenguaje empleado en indagar con toda sutileza acerca de la verdad en una discusión filosófica, y otra, cuando la exposición se acomoda a la opinión común. (*Sobre los deberes*, II. x)

*

Cuando se trata de conceptos populares se han de emplear palabras populares con su significado acostumbrado. (*Sobre los deberes*, II. x)

*

La gente admira en general cualquier cosa que sea mayor o mejor de lo que esperaba, pero de manera muy particular las cualidades positivas que se hallan de manera inesperada en los individuos. (*Sobre los deberes*, II. x)

*

La vida y la muerte, la pobreza y la riqueza, afectan hondamente a todos los hombres. (*Sobre los deberes*, II. x)

*

En mi opinión, todo designio y plan de vida requiere de la cooperación de otros hombres. (*Sobre los deberes*, II. x)

*

La importancia de la justicia es tan grande que ni siquiera los que viven del crimen y de la mala vida pueden vivir sin un mínimo de ella. Pues si un ladrón toma una sola cosa por la fuerza o se apodera por engaño de algo de otro miembro de la banda, pierde su lugar en ella; y si el llamado «archipirata» no repartiera imparcialmente el botín, sería o abandonado o asesinado por sus socios. (*Sobre los deberes*, II. xi)

*

Por tanto, si la eficacia de la justicia es tan grande que fortalece y aumenta incluso el poder de los ladrones, ¿cuánto —pensaremos— será su poder en las leyes y los tribunales y en un Estado constituido? (*Sobre los deberes*, II. xi)

*

Siempre se ha buscado la igualdad ante la ley, y la ley que no es igual para todos no es tal. (*Sobre los deberes*, II. xii)

*

La justicia ha de ser cultivada y mantenida siempre, tanto por ella misma (pues de otra manera no sería justicia), como por el mayor honor y gloria que conlleva. (*Sobre los deberes*, II. xii)

Y sin embargo, como el ilustre Sócrates acostumbraba a decir, «la senda más corta para la gloria —el atajo a ella, por así decirlo— es esforzarse en ser tal como se quisiera que se pensara que se es». (*Sobre los deberes*, II. xii)

Si alguien cree que puede ganar gloria duradera fingiendo y con vana ostentación, con palabras hipócritas y una falsa apariencia, se equivoca del todo. (*Sobre los deberes*, II. xii)

La verdadera gloria echa raíces y extiende sus ramas; la falsa pronto cae al suelo como flor frágil. (*Sobre los deberes*, II. xii)

El verdadero problema es llegar a ser realmente lo que queremos que se piense que somos. (*Sobre los deberes*, II. xiii)

*

Si alguien desde el principio de su vida ha de estar a la altura de la celebridad y del nombre heredados del padre [...] o si por alguna circunstancia o por el destino ha concitado las miradas de todos, entonces su vida, qué hace y cómo vive serán objeto de escrutinio y, como si se moviera bajo una potente luz, no podrá mantener en la oscuridad ni una de sus palabras, ni uno solo de sus hechos. (*Sobre los deberes*, II. xii)

*

Los jóvenes que se arriman a hombres ilustres y sabios, consejeros en el gobierno, ganan reconocimiento con la máxima facilidad y de forma óptima. Si los frecuentan, despertarán entre la gente la expectativa de que ellos serán iguales. (*Sobre los deberes*, II. xiii)

*

Como el habla se divida en dos clases de discursos —de un lado, la conversación; de otro, el debate forense—, no hay duda alguna de que, de las dos, el debate —al que llamamos el discurso elocuente— cuenta más para conseguir la gloria. Y sin embargo, es difícil expresar cuánta fuerza tienen la amabilidad y la cortesía en la conversación para ganarse los corazones. (*Sobre los deberes*, II. xiii)

*

Si alguien ha de ejercer la acusación en un juicio a menudo, que lo haga como un servicio al país, pues no es de reprender que tome venganza de los enemigos de la nación; sin embargo, debe fijarse un límite. (*Sobre los deberes*, II. xiv)

*

¿Qué es tan inhumano como convertir en instrumento de ruina y destrucción de hombres buenos la elocuencia, dada por la naturaleza para la salvación y protección de los hombres? (*Sobre los deberes*, II. xiv)

*

No debemos tener escrúpulos en defender en alguna ocasión a una persona culpable. Lo quiere así la muchedumbre, lo sanciona la costumbre, la humanidad lo acepta. (*Sobre los deberes*, II. xiv)

*

La generosidad se ejerce con los necesitados bien con buenas obras, bien con donativos. Esta última es más fácil, especialmente para los ricos, pero aquella otra es más espléndida e ilustre y más digna del hombre eminente y poderoso. Pues aunque en ambas se refleja la voluntad de ser generoso, sin embargo, una sale del arca, la otra de las propias fuerzas. (*Sobre los deberes*, II. xv)

*

¿Qué te indujo, malvado, a tener la esperanza de que serían fieles a ti los que has corrompido con dinero? (*Sobre los deberes*, II. xv)

*

La bolsa no debe estar tan firmemente cerrada que un impulso generoso no la pueda abrir, ni llevarse de manera tan floja que esté abierta a todo el mundo. (*Sobre los deberes*, II. xv)

*

La generosidad no tiene fondo. (*Sobre los deberes*, II. xv)

*

Los espectáculos públicos complacen a la chiquillería, a las mujeres desocupadas, a los esclavos y a los siervos libres, pero un hombre serio y grave, cuando pondera estos asuntos con juicio recto, no puede aprobarlos de ningún modo. (*Sobre los deberes*, II. xvi)

*

El gasto está más justificado cuando se realiza en muros, malecones, puertos, acueductos, que son para uso de la comunidad. Ciertamente da más alegría dar el dinero en mano; sin embargo, las obras públicas ganan para nosotros la gratitud de la posteridad. (*Sobre los deberes*, II. xvii)

*

Como dijo Enio de manera preclara: «Las buenas acciones, mal situadas, malas acciones las juzgo». (*Sobre los deberes*, II. xviii)

*

La bondad de corazón en un hombre de alto rango se convierte en refugio de todos. (*Sobre los deberes*, II. xviii)

*

No solo resulta generoso ceder en ocasiones algo en nuestras justas reivindicaciones, sino que puede resultar incluso beneficioso. (*Sobre los deberes*, II. xviii)

*

El mayor privilegio de la riqueza es, por ventura, la oportunidad que ofrece de hacer el bien sin perder el propio patrimonio. (*Sobre los deberes*, II. xviii)

*

Al ayudar a la gente, se suelen tener en cuenta su carácter y sus circunstancias. (*Sobre los deberes*, II. xix)

*

Pero los que se consideran a sí mismos ricos, en el escalón superior de la sociedad y mimados de la fortuna no quieren sentirse obligados por la benevolencia ajena. ¡Faltaría más! Piensan realmente que han hecho un gran favor aceptando uno, aunque sea importante, e incluso sospechan que de esta manera se les pide algo o se espera algo de ellos a cambio. (*Sobre los deberes*, II. xx)

*

Te recomiendo que sigas el consejo de Temístocles, que cuando le preguntaron su consejo sobre si debía dar a su hija en matrimonio a un hombre pobre pero honrado o a uno rico pero menos estimado, contestó: «Verdaderamente, yo prefiero un hombre carente de dinero que un dinero al que le falta el hombre». (*Sobre los deberes*, II. xx)

*

Debemos tener cuidado de que al proteger los intereses individuales, hagamos también lo que sea beneficioso o al menos no perjudicial para el Estado. (*Sobre los deberes*, II. xxi)

*

La primera obligación del que sirve a la administración del Estado, sin embargo, debe ser que cada uno tenga lo que posee y que los ciudadanos no sufran ninguna disminución de sus propiedades como resultado de alguna acción del Estado. (*Sobre los deberes*, II. xxi)

*

La cosa más importante en la administración pública y en los cargos públicos es que eviten incluso levantar la sospecha de avaricia. (*Sobre los deberes*, II. xxi)

*

«¡Ojalá —dijo Gayo Poncio, el samnita— el destino hubiera reservado mi nacimiento hasta la época en que los romanos comenzaran a aceptar sobornos! ¡No habría entonces dejado que mantuvieran su poder!» (*Sobre los deberes*, II. xxi)

*

Pero a su casa no trajo nada sino la gloria de un nombre inmortal. (*Sobre los deberes*, II. xxii)

*

Prefirió ornar Italia antes que su propia casa. (*Sobre los deberes*, II. xxii)

*

Lucrarse con el Estado no solo es inmoral; es criminal, una infamia. (*Sobre los deberes*, II. xxii)

*

Nada hace que los que administran el Estado ganen la voluntad del pueblo más fácilmente como su contención y frugalidad. (*Sobre los deberes*, II. xxii)

*

Pero todo este asunto de conseguir y de invertir dinero (me gustaría decir que también de gastarlo) es discutido con mayor provecho por ciertos buenos hombres sentados en medio de los soportales que por cualquier filósofo de escuela alguna. (*Sobre los deberes*, II. xxiv)

A esa clase de comparaciones pertenece aquella famosa anécdota de Catón. Cuando se le preguntó qué era lo más provechoso en la hacienda familiar, contestó: «Criar ganado con mucho éxito». ¿Y qué venía después? «Criar ganado con bastante éxito.» ¿Y a continuación? «Criar ganado con poco éxito.» ¿Y en cuarto lugar? «Cosechar el campo.» Y cuando el que le preguntaba le sugirió: «¿Y prestar dinero?», entonces Catón le respondió: «¿Qué tal dedicarse al asesinato?». (*Sobre los deberes*, II. xxv)

Escipión solía decir que nunca estaba menos ocioso que cuando estaba sin hacer nada ni menos solo que cuando no estaba acompañado. (*Sobre los deberes*, III. i)

*

He aprendido de la filosofía que de los males no solo se debe escoger el menor sino aún más: extraer cualquier elemento positivo que este encierre. (*Sobre los deberes*, III. i)

*

En mi opinión, Africano consiguió el mayor elogio. Pues no ha dejado ningún monumento literario de su ingenio, no se nos ha transmitido ninguna obra producto de su ocio, ningún fruto de su soledad. (*Sobre los deberes*, III. i)

*

Por mi parte, yo, que carezco de la necesaria fortaleza de ánimo para por medio de la meditación en silencio abstraerme de mi soledad, he centrado mi atención y mis cuidados en escribir estas obras. (*Sobre los deberes*, III. i)

*

Lo mismo ocurre normalmente con el aprecio de los poemas, de las pinturas y de gran cantidad de otras obras de arte: que el vulgo disfruta y elogia lo que carece de merecimientos. (*Sobre los deberes*, III. iii)

*

Sustraer algo a un hombre y aprovecharse de sus pérdidas es más contrario a la naturaleza que la muerte o la pobreza o el dolor o ninguna otra cosa que por causa externa afecte a nuestra persona o nuestra propiedad. (*Sobre los deberes*, III. iv)

*

Pero si se piensa que se puede huir de tal cosa y que la alternativa es mucho peor —esto es, la muerte, la pobreza, el dolor—, se yerra al pensar que los males que afectan a su persona o a sus propiedades son peores que los que afectan a su espíritu. (*Sobre los deberes*, III. v)

*

Otros dicen que se han de respetar los derechos de los conciudadanos, pero no los de los extranjeros. Así eliminarían los vínculos universales con toda la comunidad humana, y con ello la consideración, la generosidad, la bondad y la justicia serían destruidas de raíz. (*Sobre los deberes*, III. vi)

*

Como los matemáticos que tienen por costumbre no demostrar cada proposición, sino que piden que ciertos axiomas sean aceptados como verdaderos para poder explicarlos más fácilmente, así

[...] yo te pido que asumas conmigo, si puedes, que nada merece la pena perseguirse por sí mismo excepto lo moralmente correcto. (*Sobre los deberes*, III. viii)

*

Si no hay nada tan repugnante a la naturaleza como la inmoralidad [...] y nada tan acorde con la naturaleza como lo útil, entonces sin duda lo útil y lo inmoral no pueden coexistir en una única y la misma cosa. (*Sobre los deberes*, III. viii)

*

Es error propio de hombres que no son probos arrojarse sobre lo que parece útil para, a continuación, separarlo de lo moralmente correcto. A este error deben su origen la daga asesina, la copa envenenada, los testamentos falsos; de aquí nacen el robo, la prevaricación, el expolio de las regiones y de los ciudadanos; él engendra también la codicia por la riqueza excesiva, por el poder despótico, el afán por erigirse en rey incluso de un pueblo libre [...]. Es que debido a un juicio engañoso ven la recompensa material pero no la pena, no digo la legal, sino la que es peor, de su propia degradación moral. (*Sobre los deberes*, III. viii)

*

Un hombre íntegro nunca hará por su amigo algo que vaya en contra del Estado o contra su juramento de fidelidad, incluso si preside como juez una causa de su amigo, pues deja de lado su papel de amigo cuando asume el de juez. (*Sobre los deberes*, III. x)

*

Una cosa es esconder —probablemente respondería Diógenes—; otra, no revelar lo que hay. (*Sobre los deberes*, III. xii)

*

¿Qué sería más estúpido para el que vende que manifestar todas las faltas de lo que vende? (*Sobre los deberes*, III. xiii)

*

El hecho es que callar no es ocultar, sino que ocultar consiste en tratar de impedir en provecho propio que otros descubran algo que tú sabes. (*Sobre los deberes*, III. xiii)

*

Fraude criminal es [...] simular una cosa y hacer otra. (*Sobre los deberes*, III. xiv)

*

De aquí surge la perniciosa idea de que una cosa son los hombres buenos, otra los listos, por lo que Enio dice: «En vano es sabio el hombre que no sabe sacar provecho». Sería verdad si conviniera con él qué sea 'provecho'. (*Sobre los deberes*, III. xv)

*

La ley trata de una manera las mañas, la filosofía de otra: la ley trata con ellas tanto como puede extender su largo brazo, los filósofos lo hacen hasta donde alcanzan la inteligencia y la razón. (*Sobre los deberes*, III. xvi)

*

¿Acaso no es una vergüenza que los filósofos tengan dudas sobre cuestiones morales sobre las que los campesinos no albergan ninguna? (*Sobre los deberes*, III. xix)

*

¿Qué diferencia hay entre que un hombre se convierta en una bestia o que, conservando la apariencia humana, la lleve en su interior? (*Sobre los deberes*, III. xx)

*

De los males escoge el menor. (*Sobre los deberes*, III. xxviii)

*

Tiestes: «¿Has roto tu palabra?». Atreo: «No la he dado; ninguna doy al que carece de ella». (*Sobre los deberes*, III. xxviii)

*

Si la deformidad física despierta cierta aversión, ¡cuánta deberían suscitar la deformidad y el horror de un espíritu degradado! (*Sobre los deberes*, III. xxix)

*

Tal mérito pertenece a la época, no al individuo. (*Sobre los deberes*, III. xxx)

*

Dedica el tiempo que puedas a estos volúmenes, pues en ellos viaja mi voz hasta ti. (*Sobre los deberes*, III. xxxiii)

Apéndice

Vida y obras de Marco Tulio Cicerón

Ninguna otra biografía de la antigüedad clásica nos ha llegado tan ampliamente documentada como la de Marco Tulio Cicerón. Además de varias fuentes contemporáneas, contamos con la semblanza de Plutarco y, sobre todo, con los múltiples testimonios que sobre sí mismo dejó diseminados el propio autor a lo largo de su obra. Esta multiplicidad de fuentes nos muestra al personaje desde diferentes ángulos, no siempre fáciles de conciliar. El contraste no se refiere a discrepancias en los hechos, sino a diferencias en su valoración. La evidente ambición política y literaria del personaje, lo elevado de sus ideales, contrasta con los quiebros en su trayectoria y los cambios de partido, con su excesiva y en ocasiones mezquina vanidad, con sus temores y quejas cuando se ve apartado del poder. A pesar de sus esfuerzos por dejar a la posteridad una imagen de sí carente de fisuras como gran estadista y esforzado pensador, sus cartas revelan las debilidades del hombre de carne y hueso. Pero como le ocurrió a Petrarca, tras el sobresalto inicial, es posible mantener la simpatía hacia la figura de Cicerón, que en la lucha por vencer sus limitaciones se muestra más auténtico que en el dibujo lineal que se había trazado de él antes del hallazgo de sus cartas, de modo que su obra adquiere un sentido educador de acentuado carácter humanista.

Marco Tulio nació en el año 106 a. C. en Arpino, en el seno de una familia perteneciente a la baja nobleza rural. Toda su vida estaría marcada por este hecho, pues desde el principio lucharía por triunfar en Roma. Falto del apoyo que suponían el rango y la riqueza que proporcionaban pertenecer a una familia dirigente, hubo de poner todo su talento al servicio de su ambición; y a veces también su sentido de la oportunidad política, que no siempre le llevó por caminos acertados. No obstante, hay que reconocer que, además de querer distinguirse por encima de los demás, le movió siempre un sentido fervor patriota, que le hizo abogar por los valores tradicionales de la romanidad y por el marco republicano heredado. El convencimiento de que el bien común debía ponerse por encima de todo reviste de grandeza y humanidad muchas de sus decisiones políticas, aunque equivocadas, y da sentido a sus discursos y obras filosóficas.

En sus años jóvenes marchó a Roma, donde

a la sombra del círculo de los Escipiones recibió una sólida educación en derecho y retórica, que vino a sumarse a la formación griega, basada en la filosofía, que había aprendido en la casa paterna. Las tres áreas serían objeto de estudio durante toda su vida y a ellas tres pueden adscribirse todos sus escritos. Tras entrar en la vida pública a los veinticinco años con un discurso contra un favorito del dictador Sila, que le dio la notoriedad, se decidió a viajar a Grecia (79-77 a. C.). En Atenas perfeccionó su arte oratoria, que pecaba de exceso de verbosidad, y amplió sus estudios de filosofía. Volvió a Roma convencido de que le aguardaba una prometedora carrera como político y abogado. Y así fue: escaló los puestos correspondientes en la administración —cuestor en Sicilia (76 a. C.), pretor con Pompeyo (66 a. C.), cónsul (63 a. C.)— con la edad mínima legal exigida, *anno suo*, como él mismo cuenta con no poco orgullo. El consulado supuso el momento culminante de su carrera, pero también un punto de inflexión. En lugar de otorgarle una existencia llena de honores y la posibilidad de convertirse en el senador principal —*princeps senatus*—, a partir de ese momento su vida se convirtió en una sucesión de desgracias.

En el año del consulado de Cicerón se inicia el final del llamado «siglo de la revolución». Las luchas civiles y los golpes militares caracterizarían la historia de Roma durante el periodo que va desde los motines de los hermanos Graco en el 133 hasta la decisiva batalla de Accio en el 31, que convirtió a Octavio en gobernante único y que, por consiguiente, supondría el comienzo del imperio. En este contexto, Cicerón trató de luchar por los ideales republicanos y, al tiempo, mantener su posición de preeminencia política a través de la influencia que ejercía mediante sus discursos ante el Senado y ante el pueblo. Pero las circunstancias no eran favorables. A pesar del éxito de sus discursos contra Catilina, en los que reveló la conjura política que pretendía hacerse con el poder, el primer triunvirato, la alianza establecida entre César, Craso y Pompeyo en el año 60 a. C., le demostró que el poder de la palabra no era suficiente para enfrentarse a las maniobras políticas, en las que descollaba el primero, ni al dinero y la fuerza de las armas, que poseían los otros dos.

A la decepción por los acontecimientos se añadió el alejamiento forzado de la escena política por el destierro que se impuso al antaño cónsul. Despechado e inquieto, Cicerón buscó refugio en la actividad literaria. A esta década de los años cincuenta pertenecen sus obras teóricas más importantes: *De oratore*, la representación del orador ideal, de carácter mucho más ambicioso que el manual de retórica que encierra la obra de juventud *Sobre la invención (De inventione)*, y *Sobre la república*, una descripción del Estado ideal, inspirado en el modelo platónico, pero conforme a la realidad romana, que completaría con otra obra de esta época, *Sobre las leyes*.

La vuelta a Roma tras el perdón del destierro en septiembre del año 57 a. C. fue breve. Para sacarlo de escena, Cicerón fue nombrado gobernador de Cilicia, en la periferia del imperio. Tras un periodo de vacilaciones, se puso del lado de Pompeyo cuando estalló la guerra (49 a. C.). La batalla de Farsalia le situó del lado de los perdedores, y aunque César le concedió el indulto (47 a. C.) y trató de atraerlo en vano a su causa, los hechos supusieron el final de sus esperanzas políticas: César representaba el final de la república por la que tanto había luchado. En consecuencia, comenzó para el autor un segundo periodo creativo en el que se suceden las obras filosóficas y retóricas. El año 46 compuso *Bruto*, *El orador* y las *Paradojas de los estoicos*, dedicados todos a M. Junio Bruto, el que sería después asesino del dictador. *Bruto* es una historia de la elocuencia romana que culmina con la autobiografía intelectual de Cicerón. Escrita en forma de diálogo, el arpinate deja, como hará en obras posteriores, que los interlocutores hagan su elogio. En *El orador* defiende la necesidad de que se dominen los tres géneros estilísticos, el sencillo o ático, muy en boga en Roma por entonces, pero también el estilo moderado y el exuberante o asiático; este punto de vista será retomado de nuevo en *Sobre la mejor clase de oradores (De optimo genere oratorum)*. En las *Paradojas* se discuten algunos de los tópicos de la filosofía popular en contradicción con la opinión dominante ('paradoja' en el sentido primero del término) desde el punto de vista del orador. Aunque su autor la consideraba un ejercicio retórico, esta obra puede incluirse en el apartado de la producción filosófica.

Las tribulaciones también sacuden entonces la vida privada de Cicerón. Divorciado de su ambiciosa esposa Terencia en el año 46, se casó bien pronto con una rica heredera, Publilia, con la esperanza quizás de saldar su deuda con César, que le había hecho un cuantioso préstamo de 800.000 sestercios. La muerte de su querida hija Tulia en febrero del 45 supuso un durísimo golpe. Falto de sosiego, buscó alivio en la filosofía y proyectó un ambicioso plan que pretendía aclimatar la filosofía griega al espíritu romano, convirtiendo el latín en un vehículo capaz de expresar el pensamiento abstracto. Se inicia así el tercer y último periodo creativo, el más fecundo de la producción ciceroniana. A esta etapa pertenecen obras perdidas hoy, como una exhortación al estudio de la filosofía, el *Hortensius*, cuya lectura causó hondo impacto en san Agustín, marcando su giro hacia el cristianismo. Corresponden también a estos años las *Cuestiones académicas (Academica)*, donde trata de la certeza del conocimiento; *Sobre los límites de los bienes y los males (De finibus bonorum et malorum)*; las *Disputaciones tusculanas (Tusculanae disputationes)*, que son una discusión en torno al dolor que inflige la muerte y el sufrimiento y la posibilidad de superarlos para lograr la felicidad; *Sobre la naturaleza de los dioses (De natura deorum)* y las traducciones del *Protágoras* y el *Timeo* de Platón. Los grandes maestros Platón y Aristóteles constituyen el fondo filosófico de estas obras, cuyas enseñanzas son actualizadas a la luz de las escuelas helenísticas siguientes. Dejando aparte su valor lingüístico, el efecto sobre sus contemporáneos fue escaso, pues quien entonces se interesaba por la filosofía griega leía a sus autores en la lengua original. Sin embargo, constituyó una de las fuentes principales de la filosofía antigua para el cristianismo, y el renacimiento hizo de ellas —de su contenido, su forma dialogística y su carácter ensayístico— patrimonio de la cultura europea.

Aunque Cicerón nunca pudo vencer sus recelos respecto a César, escribió varios discursos aproximándose al dictador. No es de extrañar que al mismo tiempo tratara de evadirse imaginativamente a la «gloriosa» edad de su admirado Catón, al que hace protagonista del diálogo *Sobre la vejez (Cato maior de senectute)*. Situado antes del año 150, en él da una imagen idealizada y afectuosa de la ancianidad del severo personaje romano. Al mismo espíritu responde *Sobre la amistad (Laelius de amicitia),* sobre la naturaleza, deberes y límites de la amistad, donde el conflicto entre las inclinaciones y deberes políticos y las relaciones privadas ocupan un lugar destacado. Para entonces César había sido ya asesinado, y pese a que el antiguo cónsul se había mantenido al margen de la conspiración, sus simpatías por Bruto eran más que conocidas y se le consideraba el inspirador del programa político que había llevado a tal acción. Pero Bruto no supo aprovechar las consecuencias políticas de la desaparición de César y cuando el que había sido su hombre de confianza, Antonio, y su heredero, Octavio, maniobraron para hacerse con el poder, Cicerón, que hacía dos años que era senador *(senex)*, volvió a intervenir con una serie de discursos contra el primero que llamó, con no poca ironía y a imitación de los del griego Demóstenes contra el invasor macedonio, *Filípicas*. También se nota un nuevo giro hacia la acción en las obras filosóficas que escribe entre el asesinato de César y su reincorporación a la vida pública. En *Sobre la adivinación (De divinatione)* distingue entre superstición y religión, aunque defiende el mantenimiento de los antiguos ritos romanos como parte de las tradiciones; en *Sobre el destino (De fato)* defiende el libre albedrío frente al destino ciego; en *Sobre los deberes (De officiis)*, un tratado escrito en forma epistolar y dedicado a su hijo Marco, ofrece una enseñanza práctica para el deber que encierra en no poca medida una justificación de su propia conducta.

En estos años, se advierte asimismo una febril actividad epistolar a través de la cual, sin ejercer ningún cargo oficial, pudo influir de manera notable en el desarrollo de los acontecimientos políticos. Por un breve periodo pareció que había conseguido el sueño tantas veces acariciado: Cicerón se veía como cabeza y salvador de la patria, que gracias solo a la fuerza de su palabra había puesto coto a la arbitrariedad y al desenfreno del poder. La realidad no tardó en imponerse. A pesar de todos los esfuerzos del ya anciano pensador y político, Antonio, Octavio y Lépido se reunieron formando el segundo triunvirato en el año 43. En la lista de sus enemigos figuraba de manera prominente su nombre. El 7 de diciembre, mientras huía, cayó en manos de sus ejércitos y fue asesinado en Caieta. Le cortaron la cabeza y las manos y Antonio las hizo exhibir en Roma, en la tribuna de los oradores. Ordenó también confiscar sus propiedades, borrar su memoria. A Cicerón le habría gustado saber que Octavio Augusto lo puso como modelo a su nieto por «erudito y patriota», que Quintiliano afirmó que uno podía medir los progresos de su propia formación por el gusto creciente que hallara en sus obras, que san Agustín lo proclamó causa de su conversión y que Petrarca se declaró encandilado con su obra y con su figura. Desde entonces y hasta hoy, no importan los dimes y diretes que hayan mantenido los eruditos germanos y británicos sobre su actuación política y el valor de su obra filosófica, cualquiera que desee conocer las raíces del pensamiento y la elocuencia occidentales está obligado a asomarse a sus escritos.